国家中职改革与发展示范校建设成果

路基工程施工与养护

主　编　周海平

主　审　黄登峰　史　静

北京理工大学出版社
BEIJING INSTITUTE OF TECHNOLOGY PRESS

内 容 提 要

本书注重中等职业教育的特色,以工作任务为引领,理论知识的选取紧紧围绕工作任务完成的需要来进行,着重讲述了路基施工和养护的方法及主要操作技能,力求科学地运用公路工程行业技术规范、规程及公路路基工程施工的新工艺、新技术及新方法,让学生在完成工作任务的过程中来构建相关理论知识,发展职业能力。

本书为中等职业学校道路与桥梁施工及相关专业路基工程课程教材,也可供从事相关行业的工程技术人员参考。

图书在版编目(CIP)数据

路基工程施工与养护 / 周海平主编. —— 北京:北京理工大学出版社,2014.6(2023.12重印)

ISBN 978 – 7 – 5640 – 9429 – 4

Ⅰ.①路… Ⅱ.①周… Ⅲ.①公路路基-工程施工-高等学校-教材②公路路基-公路养护-高等学校-教材 Ⅳ.①U416.104②U418.5

中国版本图书馆CIP数据核字(2014)第140326号

责任编辑: 洪晓英	**文案编辑:** 封 雪
责任校对: 周瑞红	**责任印制:** 边心超

出版发行 / 北京理工大学出版社有限责任公司
社　　址 / 北京市丰台区四合庄路6号
邮　　编 / 100070
电　　话 / (010)68914026(教材售后服务热线)
　　　　　　(010)68944437(课件资源服务热线)
网　　址 / http://www.bitpress.com.cn

版 印 次 / 2023 年 12 月第 1 版第 3 次印刷
印　　刷 / 定州市新华印刷有限公司
开　　本 / 787 mm × 1092 mm　1/16
印　　张 / 6.5
字　　数 / 152 千字
定　　价 / 20.00 元

国家中职改革与发展示范校建设成果

丛书编委会

前言
PREFACE

路基施工质量的好坏关系到路面质量及整个公路工程的质量，要求从业人员必须掌握路基各个施工和养护过程中的质量标准，并在工程实际中能严格按照质量标准进行施工。

本教材根据公路桥梁的发展状况与中等职业教育的特色，以当前我国最新的有关公路和城市道路的工程技术标准、规范为依据，着重于系统阐明路基路面工程的基本概念、基本技术理论和基本方法，并根据公路施工和养护技术的发展趋势，尽可能地引入这一领域内的新技术、新理论和新进展。

从用人单位的岗位要求入手，分析现代公路建设对专业技术工人的能力结构要求，确定课程体系，明确教学目标，强化教材的针对性和实用性。

本教材以国家职业标准为依据，使教材涵盖了公路施工与养护职业或工种的相关要求，便于双证书制度在人才培养过程中的落实。

本教材充分考虑了技工学校学生的知识基础和学习特点，尽力摒弃冗长的理论叙述和复杂的公式，本着语言简洁、图文并茂的编写原则，力求做到简明扼要，深入浅出，贴近生产实际。在使用过程中若需要引用更为深刻的内容，则可以在授课时在保证主干教学内容的前提之下，适当补充加强。

本教材主要讲述了公路路基施工与养护的基本知识，突出教学内容的针对性和实用性，将理论教学和综合运用融为一体，有利于全面提高学生解决问题的能力。

本教材由陕西交通技术学院周海平主编，陕西交通外资项目建设有限公司黄登峰、陕西交通职业技术学院史静主审。全书共分六个项目：项目一为路基施工前的准备工作，项目二为地基处理，项目三为土质路基施工，项目四为石质路基施工，项目五为路基排水及支挡防护工程施工，项目六为路基养护。项目三、五、六由陕西交通技术学院周海平编写，项目一由陕西省高速公路建设集团公司高小华编写，项目二由陕西交通技术学院唐委编写，项目四由陕西交通技术学院杜辉编写。

本教材在编写和出版过程中，得到了陕西交通建设集团公司、陕西交通职业技术学院

PREFACE

等兄弟单位、专家和学者的支持，并提出了许多精辟的意见和建议。书中参考了大量相关文献资料及同类教材，在此谨向这些作者及编写单位表示衷心的感谢！本教材编写期间得到本单位领导、同事的关心和帮助，在此深表谢意！

由于编者的学识及理论水平有限，难免存在疏漏和不当之处，恳请各位专家、同人及广大读者批评指正，以便进一步修改和补充。

编　者

目 录
CONTENTS

项目一 路基施工前的准备工作 ………………………………… 1

　任务一 准备工作的内容 ………………………………………… 1

　任务二 路基放样 …………………………………………………… 4

项目二 地基处理 ……………………………………………………… 10

　任务一 一般地基处理 …………………………………………… 10

　任务二 特殊地基处理 …………………………………………… 14

项目三 土质路基施工 ……………………………………………… 24

　任务一 土质路堤填筑 …………………………………………… 25

　任务二 土质路堑开挖 …………………………………………… 33

　任务三 路基改建施工 …………………………………………… 36

　任务四 路基压实技术 …………………………………………… 37

　任务五 路基季节性施工 ………………………………………… 42

　任务六 特殊路基施工 …………………………………………… 46

　任务七 路基整修与检查验收 …………………………………… 49

项目四 石质路基施工 ……………………………………………… 55

　任务一 石质路基施工技术 ……………………………………… 55

　任务二 石质路堑施工技术 ……………………………………… 62

项目五　路基排水及支挡防护工程施工·······························69

　　任务一　路基排水工程施工·····································70

　　任务二　路基防护工程施工·····································77

　　任务三　路基加固工程施工·····································83

项目六　路基养护···86

　　任务一　路基日常养护与维修···································86

　　任务二　路基常见病害处理·····································93

参考文献···96

项目一　路基施工前的准备工作

📋 **知识目标**

(1) 路基施工前的准备工作内容。

(2) 边桩、边坡放样的方法。

🔗 **能力目标**

能实施路基边桩、边坡的放样。

🖥 **任务导入**

某新建一级公路土方路基工程准备施工。

[问题]

假如你是项目负责人，请问施工前你要做哪些准备工作？

任务一　准备工作的内容

公路路基是路面的基础，它承受着本身岩土自重和路面重量，以及由路面传递而来的行车荷载，是公路的承重主体。公路路基可分为路堤、路堑和半填半挖三种基本形式。路堤是高于原地面的填方路基，其作用是支撑路床和路面，分上、下两层。上路堤是指路面底面以下 80～150 cm 范围内的填方部分。下路堤是指上路堤以下的填方部分。路堑是指全部在原地面开挖而成的路基。路基施工是按照设计图纸和要求，以最经济的方式及时建成符合质量标准的路基结构物。半填半挖式路基是指在一个横断面内，部分为路堤、部分为路堑。

路基施工的主要内容包括挖掘路堑或取土、沿路线纵横向运土、填筑路堤、压实土基、整平路基表面及修整路基边坡、修筑路基排水及防护设施等。

路基施工需要消耗大量的人工、物资、机械和时间等资源，是一项历时长、技术要求高的工作。路基施工前，必须根据工程的实际情况做好组织准备、物资准备和技术准备工作，使各项施工活动能正常进行。在施工过程中，所有的施工活动都必须严格按有关施工规范进行，以确保工程质量，最后得到质量优良的路基实体。

1. 组织准备

开工前的组织准备工作主要是建立健全的工程管理机构和施工队伍，明确各自的施工任务，制定施工过程中必要的规章制度，确定工程应达到的目标等，组织准备是其他准备工作的开始。

2. 物资准备

路基施工要消耗大量的人工、材料和机具，劳动力、机械设备和材料的准备工作是路基施工组织计划的重要组成部分。因此，开工前应进行所需材料的购进、采集、加工、搬运和储备等工作。同时要检修或购置施工机械，做好施工人员的生活、后勤保障准备。

3. 技术准备

路基施工前的技术准备包括制定施工组织计划、施工测量、施工前的复查与试验及清理施工现场等工作。对于高速公路和一级公路或采用新技术、新工艺及新材料的其他等级公路，除做好上述准备工作外，还应在大规模施工前进行填筑试验，为正式施工提供技术指标。

①制订施工组织计划。

制订路基施工的实施性施工组织计划是路基施工前很重要的技术准备工作，施工单位应根据设计文件、工程实际条件、工程量、施工难易程度以及设备、人员、材料供应情况和工期要求等认真编制。所编制的施工组织计划应针对工程实际，科学合理、易于操作，有利于保证工程质量和工程进度，使路基施工能连续、均衡地进行。

②施工测量。

开工前应做好施工测量工作，内容包括导线、中线、水准点复测，检查与补测横断面，校对和增加水准点等工作。

③施工前的复查与试验。

施工人员还应对路基工程范围内的地质、水文情况进行详细调查，通过取样、试验确定其性质和范围，并了解附近现有建筑及对特殊土的处理方法。根据设计文件提供的资料，对取自挖方、借土场、料场的路基填料进行复查和取样试验。用做填料的土应按土工试验规程测定其物理、力学等性能，以试验结果作为判定可否应用的依据。若使用新材料（如工业废料等）填筑路基，除对相应指标进行试验外，还应进行环境保护分析并提出报告，经批准后方可使用。

④清理施工现场。

路基施工前应先办好有关土地的征用、占用手续，依法使用土地。路基范围内的既有建筑物、道路、沟渠、通信及电力设施等，施工单位应协同有关部门事先拆除或迁建。对路基附近的危险建筑物应进行适当加固，对文物古迹应妥善保护。

⑤铺筑试验路段。

高速公路和一级公路、特殊地区公路或采用新技术、新工艺、新材料的路基，在正式施工前，应采取不同的施工方案和施工方法，铺筑试验路并进行相关试验分析，从中选出最佳施工方案和施工方法以指导大面积路基施工。所铺筑的试验路应具有代表性，施工机械和工艺过程要与以后全面施工时相同。通过试验路铺筑，可确定不同压实机械以及各种填料的最佳含水量、适当的铺筑厚度及相应的碾压遍数、最佳的机械配置和施工组织方法等。

⑥修建临时工程。

临时工程包括施工现场的供电、给水，修建便道、便桥，架设临时通信设施，设置施工用房等。

<h1>任务二　路基放样</h1>

路基放样的主要内容包括：

（1）在路中线各中点处标定填挖高度；

（2）确定横断面的方向；

（3）按设计图纸在地面上定出横断面上各点的位置，如路基中心点、边缘点、路堤坡脚及路堑坡顶；

（4）边坡放样，按设计的路基边坡坡率，把边坡的位置标出来；

（5）移桩移点。

一、控制测量

导线复测精度应符合规定。当原有导线点不能满足施工需要时，可增设满足相应精度要求的附合导线点。同一建设项目内相邻施工段的导线应闭合，并满足同等级精度要求。对可能受施工影响的导线点，施工前应加以固定或改移，从开工至竣工验收的时间段内应保证其精度。

路基施工期间还应根据情况对控制桩点进行复测。季节性冻土地区，在冻融以后应进行复测，如图 1-1 所示。

图 1-1　导线复测

二、高程测量

1. 公路高程测量应采用水准测量

公路高程测量应采用水准测量，在水准测量确有困难的地段，四等、五等水准测量可以采用三角高程测量，采用三角高程测量时，起讫点应为高一个等级的控制点。

2. 水准点复测与加密

（1）使用设计单位设置的水准点之前应仔细校核，并与国家水准点闭合，超出允许误差范围时，应查明原因并及时报告有关部门。公路水准点闭合应符合要求。

（2）沿路线每 500 m 宜有一个水准点。在结构物附近、高填深挖路段、工程量集中及地形复杂路段，宜增设水准点。临时水准点应符合相应等级的精度要求，并与相邻水准点闭合。

三、中线放样

（1）路基开工前，应进行全段中线放样并固定路线主要控制桩，如交点、转点、圆曲线和缓和曲线的起讫点等。高速公路、一级公路宜采用坐标法进行测量放样。

（2）中线放样时，应注意路线中线与结构物中心、相邻施工段的中线闭合，发现问题应及时查明原因，进行处理。

（3）设计图纸和实际放样不符时，应查明原因后进行处理。

四、路基边桩的放样

路基边桩的放样就是在地面上将每一个横断面的路基边坡线与地面的交点用木桩标定出来。

1. 图解法

直接按横断面图，在地面上量出路肩、坡脚、排水沟等对中线的距离，定出边线桩，如图 1-2 所示。

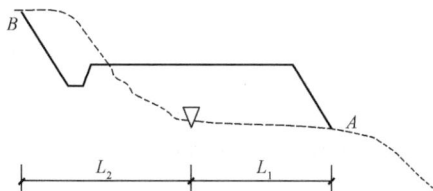

图 1-2　图解法

2.计算法

对没有断面图的横断面，只有填挖数字，若地面坡度较缓，为便于丈量距离可以假定地面坡度一致，用几何计算的方法放出路基边桩。

(1) 平地上路基的边桩放样（图1-3）。

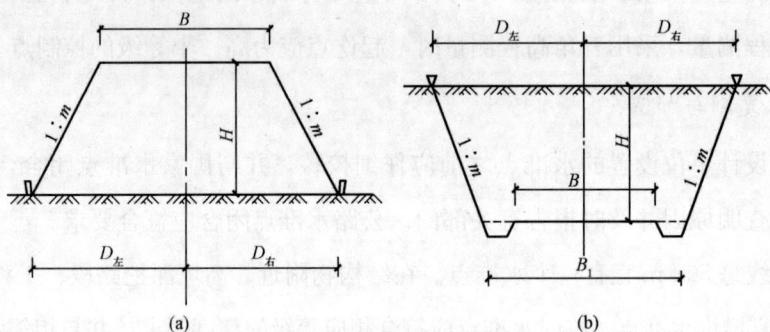

图1-3 平坦地段放边桩

(a) 路堤；(b) 路堑

当原地面为平地时，路堤坡脚至中桩的水平距离：

$$l=\frac{B}{2}+mH \tag{1-1}$$

路堑坡顶至中桩的水平距离：

$$l=\frac{B_1}{2}+mH \tag{1-2}$$

式中：B——路基设计宽度，m；

B_1——路基与两侧边沟宽度之和，m；

m——路基边坡坡率；

H——路基中心设计填挖高度，m。

(2) 坡地上路基边桩放样（图1-4）。

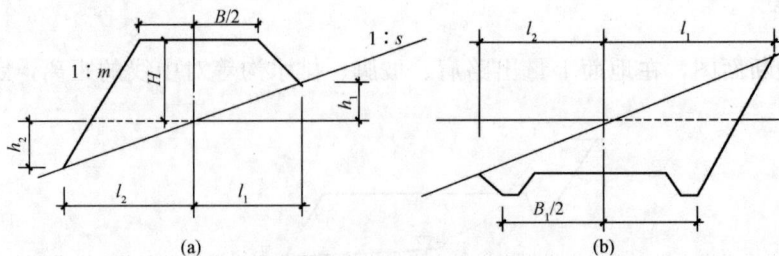

图1-4 倾斜地段边桩放样

(a) 路堤；(b) 路堑

当地面横坡较均匀一致时，路堤坡脚至中桩的距离为：

上侧坡脚：

$$l_1 = \frac{B}{2} + m\ (H-h_1) \tag{1-3}$$

下侧坡脚：

$$l_2 = \frac{B}{2} + m\ (H+h_2) \tag{1-4}$$

路堑坡顶至中桩的距离为：

上侧坡顶：

$$l_1 = \frac{B_1}{2} + m\ (H+h_1) \tag{1-5}$$

下侧坡顶：

$$l_2 = \frac{B_1}{2} + m\ (H-h_2) \tag{1-6}$$

式中：h_1——上侧坡脚（坡顶）与中桩的高差，m；

h_2——下侧坡脚（坡顶）与中桩的高差，m。

其余符号同前。

上式中的 h_1 及 h_2 都是未知数，由于地面横坡均匀一致，放样时应测得地面横坡坡度为 $1:s$，因为 $l_1 = h_1 s$ 代入式（1-3），解方程组，同理整理化简式（1-4）～式（1-6）得路堤坡脚至中桩的水平距离：

上侧坡脚：

$$l_1 = \left(\frac{B}{2} + mH\right)\frac{S}{S+m} \tag{1-7}$$

下侧坡脚：

$$l_2 = \left(\frac{B}{2} + mH\right)\frac{S}{S-m} \tag{1-8}$$

路堑坡顶至中桩的水平距离：

上侧坡顶：

$$l_1 = \left(\frac{B}{2} + mH\right)\frac{S}{S-m} \tag{1-9}$$

下侧坡顶：

$$l_2 = \left(\frac{B}{2} + mH\right)\frac{S}{S+m} \tag{1-10}$$

根据式（1-1）～式（1-6）所计算出的距离，就可在测定的路线横断面方向上直接丈量，定出两侧边桩。

3. 渐近法

渐近法的原理是在分段丈量水平距离的同时，用水准仪、经纬仪、全站仪或其他方法（如抬杆法、钓鱼法）测出该段地面两点的高程差，最后累计得出边桩点与中桩点的高程，即式（1-1）～式（1-6）的验证水平距离是否正确，如有不符，就逐渐移动边桩，直到正确位置为止。该法精度高，既可用于高等级公路，也适用于中、低级公路。

例 1： 如图 1-5 所示，已知路堑的挖方深度 $H=5.0$ m，$m=1.0$，$B_1=12.0$ m。用渐近法放样路堑的开挖边桩。

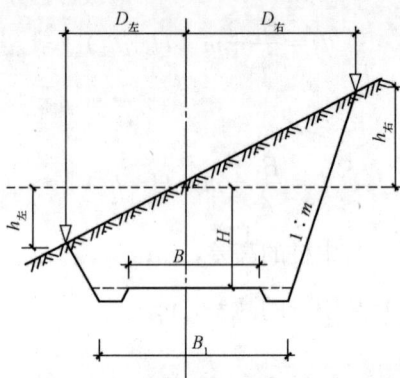

图 1-5 渐近法放样

解： 1）根据横断面图，先确定下侧（左侧）路边桩的概略距离 $D'_左$。

2）设 $D'_左=9.2$ m，用水准仪测得 9.2 m 处的高差 $h'_左=2.14$ m，代入公式 $D_左=B_1/2+m(H-h_左)=8.86$ m。因 $D_左<D'_左$，说明假定的边桩位置较远，应该更近一些。

3）再假设 $D'_左=9.0$ m，测得 9.0 m 处的高差 $h'_左=2.0$ m，同法算出 $D_左=9.0$ m。

4）因 $D_左=D'_左$，说明假定值与计算结果相符，该点即为路堑左侧（下侧）的边桩点位。

五、路基边坡的放样

1. 挂线法

（1）当路堤不高时，采用一次挂绳法，如图 1-6 所示。

（2）当路堤较高时，可选用分层挂线法，每层挂线前应标定公路中线位置，并将每层的面用水准仪抄平，如图 1-7 所示。

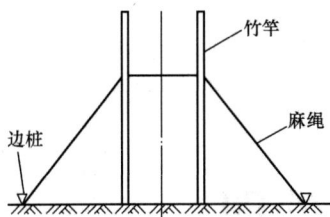

图 1-6 一次挂绳法

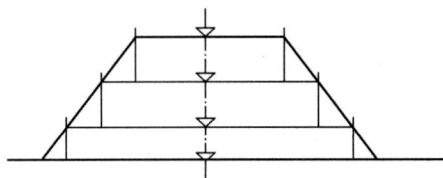

图 1-7 分层挂线法

2. 固定边坡架

用固定边坡架放样边坡，如图 1-8 所示。开挖路堑时，在坡顶外侧即开口处固定边坡架。

图 1-8 样板法

项目二　地基处理

知识目标

地基处理的方法。

能力目标

能使用常用方法进行基底处理。

任务导入

　　某公路一路段土方路堤填筑，该路段路线从大片麦地中间穿过，并经过三处墓穴。经野外取土试验测得原地土强度符合要求，施工方外运砂性土回填了三处墓穴，清除 2 m 厚的原地土，平整后进行压实。

[问题]

逐条分析施工单位对原地基处理的几条措施的合理性。

任务一　一般地基处理

　　路堤基底的处理是保证路堤稳定、坚固极为重要的措施。在路堤填筑前进行基底处理，能使填土与原来的表土密切结合；能使初期填土作业顺利进行；能使地基保持稳定，增加承载能力；能防止因草皮、树根腐烂而引起的路堤沉陷。

一、伐树、除根及表土处理

路堤填筑时如果不清除结合面上的草木残株等有害于路堤稳定的杂物，路堤成形后一旦杂物腐烂变质，地基将发生松软和不均匀沉陷等现象，为了预防这种情况，就必须在填土前做好伐树、除根和表土处理工作。路基用地范围内的树木、草丛等在施工前应进行砍伐或移植清理，并进行妥善处理。高速公路、一级公路和填方高度小于 1 m 的其他公路应将路基范围内的树根全部挖除并将坑穴填平夯实；填方高度大于 1 m 的其他公路允许保留树根，但根部露出地面不得超过 20 cm。这项工作可采用人工方法或机械方法完成。

如基底的表层土是腐殖土，则须用挖掘机或人工将其表层土清除换填，厚度一般以不小于 30 cm 为宜，并予以分层压实，压实度应符合要求。有些清除物如腐殖土，当路堤修筑后可作为护坡保护层使用，也可作为中央分隔带及绿化带的回填土，这时应注意堆弃位置要便于取回。

路堤通过耕地时，填筑施工之前，必须预先清出种植土，清理深度根据种植土厚度确定；如地基土中有机质含量较大和其他杂质较多时，不易压实，必须进行清理；如原地面有坑、洞、墓穴等，应用原状土或砂性土回填，当填方地段在清理完地表后，才可整平压实地基。打碎后的填土，可用于路堤边坡表层，是良好的绿化土体。

二、坡面基底的处理

填土路基，如基底为坡面时，在荷载作用下，粒料极易失稳而沿坡面产生滑移，因此在施工前必须在对坡面进行处理后方能填筑。经验表明，当坡度较小时，在 1∶10～1∶5 时，只需在清除坡面上的树木、杂草等物后，将翻松的表层压实即可保证坡面的稳定。当坡度在 1∶5～1∶2 时，针对土质地面，应采用如图 2-1 所示方法将坡面做成台阶形，一般台阶宽度不宜小于 2 m，高度最小为 1 m，而且台阶顶面应做成 2%～4% 向内倾斜的坡度。针对石质地面，应将原地面凿毛，以增强抗滑力。如果基底坡面陡于 1∶2 时，则应采用修筑护墙、石砌护脚等措施进行处理，护墙及石砌护脚等还同时起着减少填方数量和压缩路基占地宽度的作用。

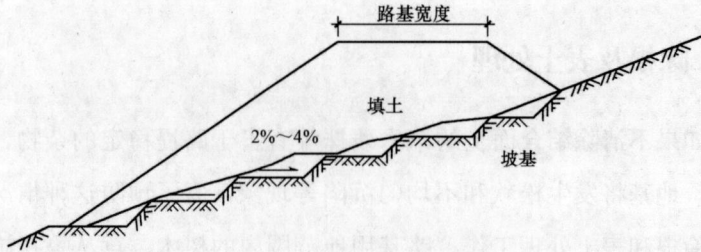

图 2-1　坡面基底的处理

三、有地下水影响的地基处理

地下水包括上层滞水、潜水、层间水等，它们对路基的危害程度因条件不同而异。轻者使路基湿软，降低路基强度；重者会引起冻胀、翻浆等破坏。因此路基施工前应消除路基基底土体内水的隐患，防止水分浸入路基，以保证路基工程施工质量。

地基土体中的水分，主要依靠毛细水的上升和移动浸入路基土中，毛细水的上升，使不同深度和不同类型的土具有不同的含水量，土的含水量随地下水位的升高而增大，靠近地下水位的土，几乎为水所饱和，因此必须采取相应措施以限制水分的侵蚀。除常用的设置地下排水结构物外，可根据情况采用换填土层法、地基加固处理法及设置垫层法等。

1. 换填土层法

换填土层法即将基底下一定深度范围内的湿软土层挖去，换以强度较大的、水稳性优良、不易风化的砂、沙砾、碎石材料或素土，并予以压实。

2. 地基加固处理法

采用无机结合料如生石灰、水泥等固化材料与地基表面一定深度的原状土进行拌合，使无机结合料与土体产生一系列物理、化学作用，以达到提高路基强度和防止水分侵蚀的作用。常用的有灰土垫层和水泥稳定土垫层等，这类垫层的施工方法与路面基层的施工方法类似，可参照基层施工方法及要求实施。

3. 设置垫层法

增设垫层的目的是防止地基中水分通过毛细水上升而对路基产生破坏作用，并排除地基中的孔隙水，以增强地基强度。一般当软土层厚度小于 3 m 时可采用。砂垫层是一种常用的方法，其主要作用是排水固结，还可提高地基承载力，减少沉降量，能起到防止冻胀的作用。砂垫层厚度一般在 0.6～1.0 m，太厚难以施工，太薄效果差，砂料以中粗砂为宜，要求级配良好，颗粒均匀，含泥量不超过 3%～5%。垫层材料宜采用洁净的中粗砂，含泥量不大于 5%。也可采用天然级配沙砾，最大粒径不宜大于 5 cm，砾石强度不低于四级。宽度为路堤底宽并在两侧各增加 50~100 cm，施工时应分层摊铺，分层洒水碾压，每层压实厚度宜为 15~20 cm。设置砂垫层后，毛细水的上升就会得到有效控制。

四、填前压实

在填筑路堤前，将原地面上的杂草、耕作物及地表腐殖土清除干净，用平地机整平，用压路机进行填前压实。进行压实可采用以下几种方式：

（1）清表后的原地面、表层含水量合适的填方路段，可直接用重型振动压路机碾压，并达到要求的压实度。

（2）清表后的原地面，表层土含水量较大时，可就地翻松、打碎、晾晒，在最佳含水量条件下压实，并达到要求的压实度。

（3）如地基软弱，在采取相应措施处理后，进行填前压实。

任务二　特殊地基处理

一、软土地基

淤泥、淤泥质土及天然强度低、压缩性高、透水性小的一般黏土统称为软土。大部分软土的天然含水量为30%～70%，孔隙比为1.0～1.9，渗透系数小，压缩性系数高，抗剪强度低，具有触变性，流变性显著，如图2-2所示。

图 2-2　软土地基

大部分修建在软土地区的路基，主要存在路堤填筑荷载引起软基滑动破坏的稳定问题和量大且时间长的沉降问题。

软土地基处理施工技术有几十种，常常多种方法综合应用。按加固性质，主要有以下几种。

（一）表层处理法

1. 砂垫层

在软土层顶面铺砂垫层，主要起浅层水平排水作用。适用于施工期限不紧迫、砂料来源充足、运距不远的施工环境，如图2-3所示。

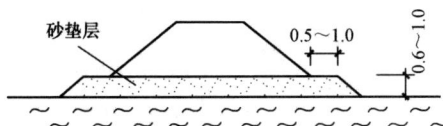

图 2-3　排水砂垫层（单位：m）

砂垫层用于路堤高度小于 2 倍极限高度（在天然软土地基上，基底不作特殊加固处理而用快速施工方法修筑路堤的填筑最大高度）软土层及其硬壳较薄，或软土表面渗透性很低的硬壳等情况。也可用于软土层稍厚但具有双面排水条件的地基。有排水砂垫层、换土砂垫层、砂垫层和土工布混合使用等形式。

2. 反压护道

反压护道用于路堤高度不大于 1.5～2 倍的极限高度，非耕作区和取土不太困难的地区，如图 2-4 所示。反压护道不需特殊的机具设备和材料，施工简易方便，但占地多，土用量大，后期沉降大，以后的养护工作量也大。反压护道应与路堤本身同时填筑，如分开填筑时，必须在路堤达到临界高度前筑好。

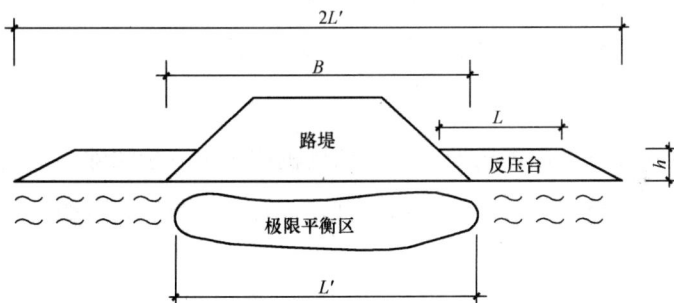

图 2-4　反压护道

3. 土工聚合物处治

（1）土工布。

土工布在软土地基加固中的作用包括排水、隔离、应力分散和加筋补强。

土工布一般分一层或多层铺设，如图 2-5 所示。当铺设两层以上时，层与层之间要夹10～20 cm 的砂或沙砾垫层，以提高基底透水性。土工布连接一般采用搭接法或缝接法。缝接法有一般缝法、丁缝法和蝶形法。

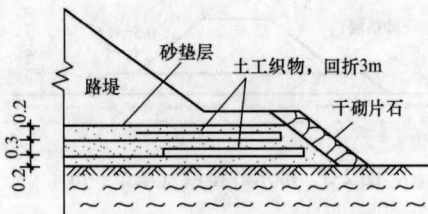

图 2-5　土工布加固软土地基（单位：m）

（2）土工格栅。

土工格栅表面与土产生摩擦作用，并且格栅孔眼对土具有锁定作用，同时格栅肋被动抗阻，这三种作用均能充分约束土的颗粒侧向位移，从而大大地增加了土体的自身稳定性，对土的加固效果明显高于其他土工织物。

（二）换填法

换填法一般适用于地表下 0.5～3.0 m 的软土处治。

1. 开挖换填法

将软弱地基层全部挖除或部分挖除，用透水性较好的材料（如沙砾、碎石、钢渣等）进行回填。该方法简单易行，也便于掌握。对于软基较浅（1～2 m）的泥沼地特别有效。

（1）开挖方式。

基底开挖深度在 2 m 以内可用推土机、挖掘机或人工直接清除至路基范围以外堆放或运至取土坑还填；深度超过 2 m 时，要由端部向中央分层挖除，并修筑临时运输便道，由汽车运载出坑。

软土在路基坡脚范围以内全部清除，边部挖成台阶状再回填；路基穿过沼泽地只需要清除路基坡角（含护坡道）范围以内的软土，如图 2-6 所示。

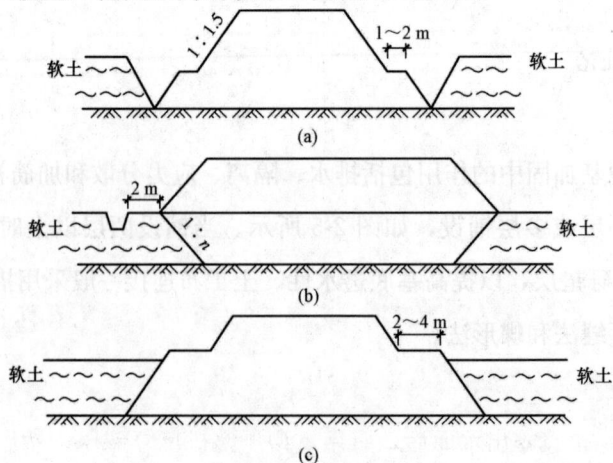

图 2-6　换填法

（2）泥沼基底的换填。

①在第一类泥沼地区，路堤高度小于 3 m 时，应采取部分挖填的方法，换填深度一般超过 2 m，横向换填底宽应等于路基面宽；路堤高度大于 3 m 时，一般不挖除；当淤泥表面干裂时，可采用齿墙式的路堤断面，即挖除路堤基底两侧的淤泥（每边可挖 3 m 宽），换填良好的土质；淤底横向坡度陡于 1：10 时，应进行整平处理，如图 2-7 所示。

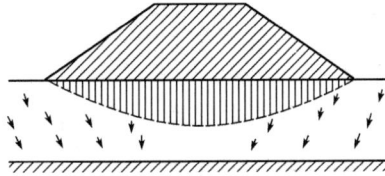

图 2-7　路堤置于泥浆表层

②在第二类泥沼地区，泥沼深度小于 3 m 时，不论路堤高度多少，均应将泥沼全部挖除，换填渗水土，使路堤落到沼底。为便于泥炭的挤出，表层植物覆盖层要铲除，在路堤两侧开挖泥炭接收沟；泥沼深度大于 3 m 时，应考虑部分换填和采取路堤两侧增建反压护道的措施，换填深度不得小于 3 m；沼底横向坡度陡于 1：15 时，应进行整平处理。

③在第三类泥沼地区，不论泥沼多深，路堤均应落到实底上或将泥炭皮挖除后，抛填片石沉落到沼底，如图 2-8 所示。路堤水下部分的边坡根据换填的土质种类及泥沼水中的深度而定；沼底横向坡度陡于 1：20 时，应进行整平处理。

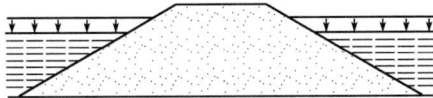

图 2-8　路堤落到实底上

2. 抛石挤淤法

这种方法施工简单、迅速、方便，适用于常年积水的洼地，排水困难，泥炭呈流动状态，厚度较薄，表层无硬壳，片石能沉达底部的泥沼或厚度为 3～4 m 的软土，或在特别软的地面上施工由于机械无法进入，或是表面存在大量积水无法排除时，以及石料丰富、运距较短的情况。

抛投顺序，应先从路堤中部开始，中部向前突进后再渐次向两侧扩展，以使淤泥向两旁挤出。当软土或泥沼底面有较大的横坡时，抛石应从高的一侧向低的一侧扩展，并在低的一侧多抛填一些。片石露出水面后，宜用重型压路机反复碾压，然后在其上面铺反滤层，再行填土，如图 2-9 所示。

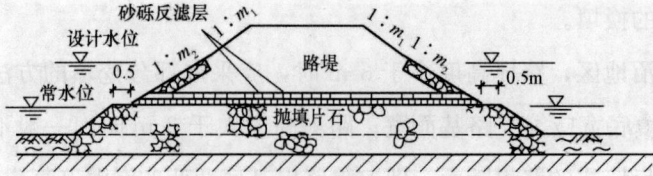

图 2-9　抛石挤淤

3. 爆破排淤法

爆破排淤法是将炸药放在软土或泥沼中爆炸，利用爆炸时的张力作用，把淤泥或泥沼扬弃，然后回填强度较高的渗水性土壤，如沙砾、碎石等。爆破排淤比一般方法换填深度大、工效高，软土、泥沼均可采用。

爆破排淤法用于当淤泥（泥炭）层较厚，稠度大，路堤较高和施工期紧迫时；路段内没有桥涵等构造物，路基承载力均衡一致，因整体沉降对道路不会产生破坏，也可考虑换填。但对于桥涵构造物及两侧引道等，应考虑采用其他方法。

爆破排淤分为两种，一种方法是先在原地面上填筑低于极限高度的路堤，再在基底下爆破，适用于稠度较大的软土或泥沼；另一种方法是先爆后填，适用于稠度较小，回淤较慢的软土。

（三）重压法

1. 堆载预压法

进行预压的荷载超过设计的道路工程荷载，称为超载预压；预压荷载等于道路工程荷载，称为等载预压。堆载预压法对各类软弱地基均有效；但堆载预压需要一定的时间，适合工期要求不紧的项目。

2. 其他重压法

（1）真空预压法：该法适用于含水量高、孔隙比大、强度低、渗透系数和固结系数均较小的黏土。

（2）真空预压加堆载预压法：是堆载预压和真空预压两种方法的结合，原理与真空预压相同，但加载更大，预压时间缩短了一半。

（四）垂直排水固结法

垂直排水固结法是利用砂井、袋装砂井、塑料排水板增加土层竖向排水途径，缩短排水距离，加速地基固结。

1. 砂井

用振动打桩机、柴油打桩机（冲击式和振动式）以及下端装有活瓣钢桩靴的桩管将砂（含泥量不大于3%）或砂和角砾混合料（含泥量不大于5%）灌入形成砂井。在施工时考虑避免"缩颈"和减少对土的扰动。

（1）套管法：根据沉管工艺的不同，又分为静压沉管法、振动沉管法等。

（2）水冲成孔法：通过专用喷头，在水压力作用下冲孔，成孔后清孔，再向孔内灌砂形成。适用于土质较好且均匀的砂性土。

（3）螺旋钻成孔法：以动力螺旋钻钻孔，提钻后灌砂成砂柱。适用于陆上工程，砂井长度10 m以内，且土质较好，不会出现缩颈、塌孔现象。

2. 袋装砂井

袋装砂井是事先把砂装入长条形、透水性好的聚丙烯编织袋内，然后用专门的机具设备打入软土地基内代替普通大直径砂井。袋装砂井的直径仅为8 cm左右，比一般砂井要省料得多，造价比一般砂井低廉，且不会因施工操作上的误差或地基发生水平和垂直变形而丧失其连续性。主要用导管式振动打桩机（在行进方式上普遍采用的有轨道门架式、履带臂架式、吊机导架式等），选用聚丙烯或其他适用的编织料制成的袋，采用渗水率较高的中、粗砂制成砂袋。袋装砂井按整平原地面→摊铺下层砂垫层→机具定位→打入套管→沉入砂袋→拔出套管→机具移位→埋砂袋头→摊铺上层砂垫层的施工工艺流程进行，如图2-10所示。

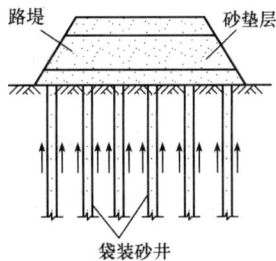

图2-10　袋装砂井

3. 塑料排水板

塑料排水板是用插板机或与袋装砂井打设机共用（将圆形套管换成矩形套管）打设。按整平原地面→摊铺下层砂垫层→机具就位→塑料排水板穿靴→插入套管→拔出套管→割断塑料排水板→机具移位→摊铺上层砂垫层的施工工艺程序进行，如图2-11所示。

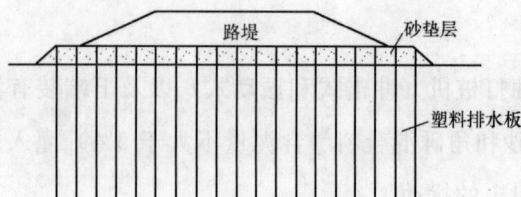

图 2-11　塑料排水板加固软土地基

（五）其他软基处理施工技术

1. 粉喷桩

粉喷桩是以石灰或水泥等粉体作为固化材料，通过专用的粉体搅拌机械，用压缩空气将粉体喷到软弱底层中，凭借钻头叶片，在原位进行强制搅拌，形成土和掺和料的混合物，如图 2-12 所示。它对提高软土地基承载力、减少地基沉降量有明显效果。该法的优点是加固快，工期短，施工简便易行，质量有保证，桩长易于掌握、控制，但造价较高。

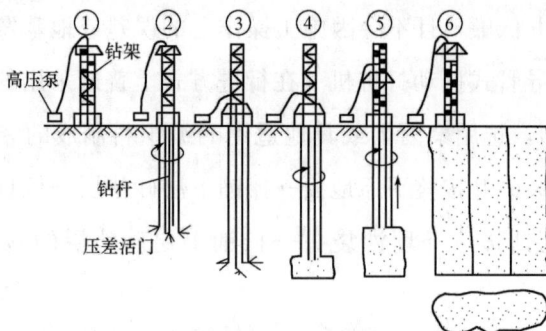

图 2-12　粉喷桩施工程序

施工主要机具包括喷粉桩机及配套贮灰罐、喷粉系统、空气压缩机、75 kW 以上的发电机等，喷粉桩机由液压步履式底架和导向加减压机构、钻机传动系统、钻具、液压系统、喷粉系统、电气系统等部分组成。

2. 粒料桩

用冲击或振动的方法成孔，在孔中灌砂（碎石），形成砂（碎石）桩。与砂井相比，形式相仿，但作用不同。砂井的作用是排水固结，井直径较小而间距较大；砂桩的作用是将地基挤紧，井径较大（0.6～0.8 m），而间距较小。

粒料桩施工主要用振冲器、吊机或施工专用平车和水泵，将砂、碎石、沙砾、废渣等粒料（粒径宜为 20～50 mm，含泥量不应大于 10%）加入振密。按整平地面→振冲器就位对中→成孔清孔→加料振密→关机停水→振冲器移位的施工工艺程序进行，如图 2-13

所示。

图 2-13　粒料桩施工

3. 生石灰桩

用生石灰碎块置于桩孔中形成桩体，称为生石灰桩。其作用是挤密，而生石灰通过吸水、膨胀、发热及离子交换作用，使桩体硬化，改善地基土的性质，此外还减少因周围蠕变所引起的侧向位移。生石灰桩孔径多用 20～30 cm，桩长 10 m 以内。主要用振冲器、吊机或施工专用步履式、门架式振动沉桩设备。配备适用的空压机，起重机械起吊能力应大于 100～200 kN。按整平地面→振冲器就位对中→成孔→空气压缩机注入生石灰→边振动边拔出套管→振冲器移位→封紧生石灰桩孔的施工工艺程序进行。

二、黄土地区地基处理

我国的黄土分布包括陕西、山西、宁夏、甘肃、青海五个省区，面积达 54 万平方千米，占全国土地面积的 6%。我国西北的黄土高原是世界上规模最大的黄土高原，华北的黄土平原是世界上规模最大的黄土平原。

黄土一般呈黄色或黄褐色，粉土含量常占 60% 以上，含有大量的碳酸盐、硫酸盐等可溶盐类，天然孔隙比在 1 左右，肉眼可见大孔隙。在自重压力或自重压力与附加压力共同作用下，受水侵蚀后土的结构迅速破坏而发生显著下沉，容易导致黄土地区的路基易产生多种问题及病害，如图 2-14 所示。

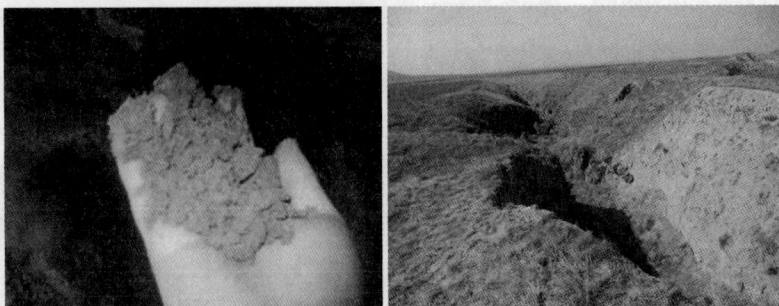

图 2-14 湿陷性黄土

1. 湿陷性黄土地基的处理措施

湿陷性黄土地基应采取拦截、排除地表水的措施，防止地表水下渗，减少地基地层湿陷下沉。其地下排水构造物与地面排水沟渠必须采取防渗措施。

若地基土层有强湿陷性或较高的压缩性，且容许承载力低于路堤自重力时，应考虑地基在路堤自重和活载作用下所产生的压缩下沉。除采用防止地表水下渗的措施外，可根据湿陷性黄土工程特性和工程要求，因地制宜采取换填土、重锤夯实、强夯法、预浸法、挤密法、化学加固法等措施对地基进行处理。

2. 地基陷穴处理方法

黄土地区路基施工常常会见都到黄土陷穴。黄土陷穴处理范围应为路堤或路堑边坡上侧 50 m、下侧 20 m。若陷穴倾向路基，虽在 50 m 以外，仍应做适当处理。对明陷穴及埋藏较浅的、串珠状、漏斗状以及冲沟边缘处的陷穴采取开挖后回填夯实的处置方法。对埋藏较深的、竖井状陷穴采用灌砂浆或泥浆处置，对现有的陷穴、暗穴，可以采用灌砂、灌浆、开挖回填等措施，开挖的方法可以采用导洞、竖井和明挖等。

（1）灌砂法：灌砂法适用小而直的陷穴，以干砂灌实整个洞穴。

（2）灌浆法：灌浆法适用于洞身不大，但洞壁起伏曲折较大，并离路基中线较远的小陷穴，施工时先将陷穴出口用草袋装土堵塞，再在陷穴顶部每隔 4~5 m 打钻孔作为灌浆孔，待灌好的土浆或水泥浆凝固收缩后，再在各孔做补充灌浆，一般需要重复 2~3 次。

（3）开挖回填夯实：开挖回填夯实适用于各种形状的陷穴，填料一般用就地黄土，分层夯实。

（4）导洞和竖井：导洞和竖井适用较大、较深的洞穴，由洞内向外逐步回填夯实，在回填前，应将穴内虚土和杂物彻底清除干净。当接近地面 0.5 m 时，应用老黄土或新黄土加 10％的石灰拌匀回填夯实。

处理好的陷穴，其上层表面均应用石灰与土比例为 3∶7 的石灰土填筑夯实或铺填老黄土等不透水材料加以改善。石灰土厚度应按设计严格执行。如原设计未要求时，其厚度不宜小于 30 cm，并将流向陷穴的附近地面水引离，防止形成地表积水或水流集中产生冲刷。

项目三 土质路基施工

/ 知识目标 /

土质路基施工工艺、流程、检查验收方法。

/ 能力目标 /

(1) 能够进行土质路基现场施工。
(2) 能够进行土质路基施工验收。

/ 任务导入 /

某公路工程 H 合同段，其中土方路基绝大部分是借土填方，路堤边坡高度≥20 m，地面横坡≥12%，施工单位施工组织设计中路基填筑的施工方案如下：

(1) 土质分析：本路段主要是粉质土，颗粒组成以小于 0.075 mm 为主，属于细粒土组，是较好的路基填筑材料。

(2) 压实机具的选择与操作：本路段选用 CA25D 和 YZt16 型振动压路机组合碾压施工。在施工过程中，压路机行走速度控制在 2~4 km/h。开始时土体松散，采用轻压（静压），然后用最大振动力进行振压，压力越大，压实效果越好。先压中间，然后向两边压实，并注意纵向和横向压实时的重叠，确保压实均匀。

(3) 实验路段的结果：在 K18+100~K18+200 处，分别取三种松铺厚度 20 cm、30 cm、40 cm 进行试验，试验路段测试结果最佳含水量为 13.4%，其他指标均符合路基填筑要求，松铺厚度选用 30 cm。

[问题]

1. 请评价该施工单位施工方案。
2. 填料的含水量可以用哪些方法测定？简述各自的适用范围。

当路基高度变化时，平均含水量随之变化，平均稠度改变，干湿状态相应地发生变化。

路基的干湿类型表示路基在最不利季节的干湿状态，划分为干燥、中湿、潮湿和过湿四类。为了保证路基路面结构的稳定性，一般要求路基处于干燥或中湿状态。潮湿或过湿状态的路基必须经处理后方可铺筑路面。

路基最小填土高度是指为保证路基稳定，根据土质、气候和水文地质条件，所规定的路肩边缘距原地面的最小高度。为利于排水，干燥路基最小填土高度规定为：细粒土质砂 0.3～0.5 m，黏质土 0.4～0.7 m；粉质土 0.5～0.8 m。

任务一　土质路堤填筑

土质路堤施工工艺流程，如图 3-1 所示。

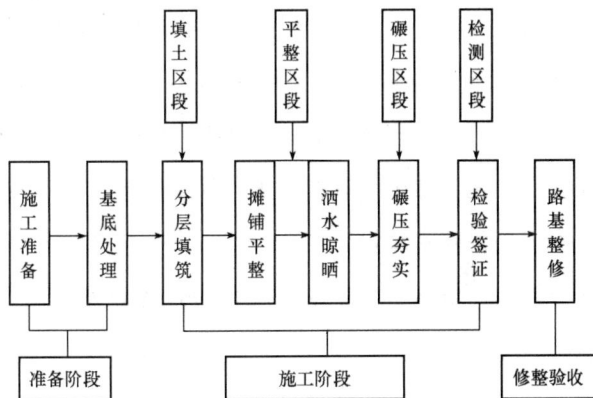

图 3-1　路堤施工工艺流程

一、路堤填料的选择

（一）路堤填料的一般要求

用于公路路基的填料要求挖取方便，压实容易，强度高，水稳定性好。其中强度要求按 CBR 值确定，应通过取土试验确定填料最小强度和最大粒径。

（二）路堤填料的选择

对借土场和挖方中用做填筑的材料，应做以下试验项目，以确保填料的质量。

（1）液限、塑限、塑性指数和液性指数。

（2）含水量试验。

（3）土的击实试验。

（4）土的强度试验（CBR值）。

①石质土，如碎（砾）石土、砂土质碎（砾）石及碎（砾）石砂（粉土或黏土）、粗粒土、细粒土中的低液限黏质土都具有较高的强度和足够的水稳定性，属于较好的路基填料。

②砂土强度高，水稳定性好，可用作路基填料，但由于没有塑性，受水流冲刷和风蚀时易损坏，在使用时可掺入黏性大的土改善质量。但砂土黏性小，易松散，在使用时可掺入黏性大的土改善质量。

③砂性土是良好的路基填料。

④粉质土不宜直接填筑于路床，必须掺入较好的土体后才能用做路基填料，且在高等级公路中，只能用于路堤下层（距路槽底 0.8 m 以下）。

⑤轻、重黏土不是理想的路基填料，规范规定：液限大于 50、塑性指数大于 26 的土、含水量超过规定的土，不得直接作为路堤填料，需要应用时，必须采取满足设计要求的技术措施（如含水量过大时加以晾晒），经检查合格后方可使用；粉土必须掺入较好的土体后才能用做路基填料，且在高等级公路中，只能用于路堤下层。

⑥黄土、盐渍土、膨胀土等特殊土体不得已必须用做路基填料时，应严格按其特殊的施工要求进行施工。泥炭、淤泥、冻土、有机质土、强膨胀土、含草皮土、含生活垃圾土、含树根和腐殖物质的土不得用作路基填料。

⑦煤渣、高炉矿渣、钢渣、电石渣等工业废渣可以用做路基填料，但在使用过程中应注意避免造成环境污染。

⑧若将不同土质混合填筑时，会造成路基病害，因此必须遵守下列规定：

a. 不同性质的土填筑路堤时，应分层填筑，层数应尽量减少，每种土质总厚度不小于 0.5 m，不得混杂乱填，以免形成饱水区或滑动面。

b. 透水性较小的土填筑路堤下层时，其顶面应做成 2%～4% 的双向横坡，以保证来自上层透水性较大的土中水分及时排出，并应控制土的含水量在最佳含水量的 2% 左右。

c. 水温稳定性较好的优良土应填在上层，强度较小的土应填在下层。

d. 根据强度和稳定性的要求，合理安排不同土质的层位；不在同一时间填筑的地段，则应按 1∶1 坡度分层留台阶。

e. 为防止相邻两段用不同土质填筑的路堤在交接处发生不均匀变形，交接处应做成斜面搭接，其搭接长度不得小于 2 m，并将透水性差的土填在斜面的下部，如图 3-2 所示。

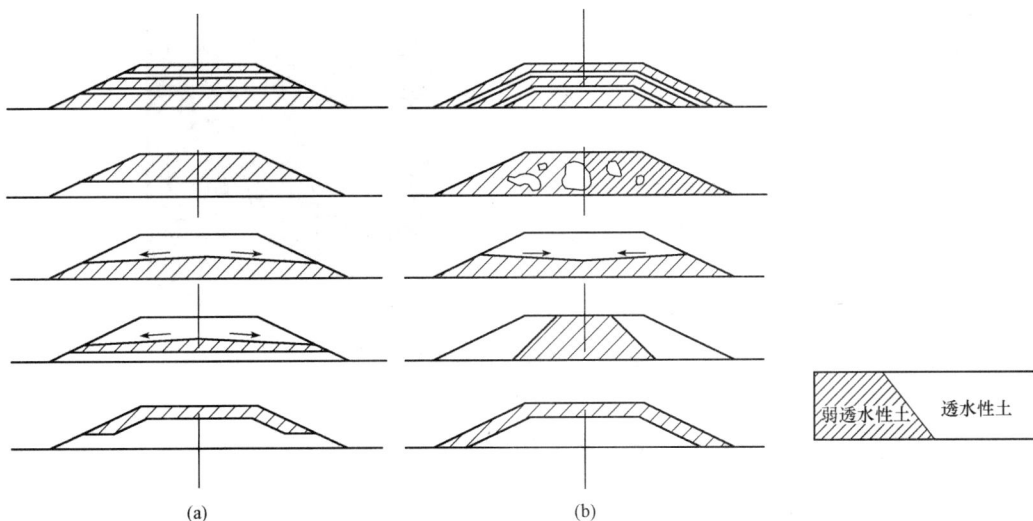

图 3-2　不同土质路堤接头

二、土质路堤填筑技术

（1）填筑方法。

土方路堤填筑常用推土机、铲运机、平地机、挖掘机、装载机等机械，按以下几种方法作业。

①水平分层填筑法：填筑时按照横断面全宽分成水平层次，逐层向上填筑，是路基填筑的常用方法，如图 3-3 所示。

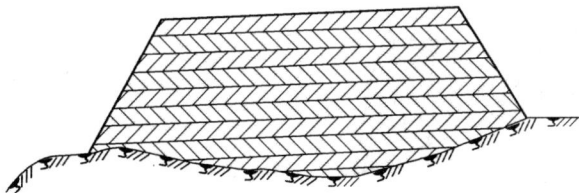

图 3-3　水平分层填筑法

②纵向分层填筑法：常用于地面纵坡大于 12% 的用推土机从路堑取料填筑距离较短的路堤。缺点是不易碾压密实，如图 3-4 所示。

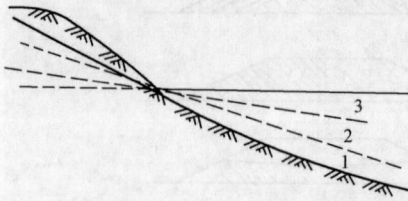

图 3-4　纵向分层填筑法

③竖向填筑法：不易压实，仅用于无法自下而上填筑的深谷、陡坡、断岩、泥沼等机械无法进场的路堤，如图 3-5 所示。

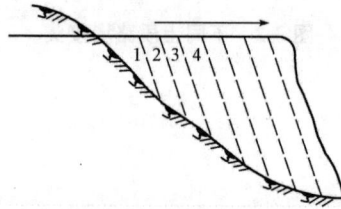

图 3-5　竖向填筑法

④联合填筑法：路堤下层用横向填筑而上层用水平分层填筑，如图 3-6 所示。适用于因地形限制或填筑堤身较高，不宜采用水平分层法或横向填筑法自始至终进行填筑的情况。多在地势平坦，或两侧有可利用的山地土场的场合采用。

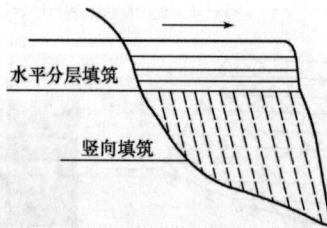

图 3-6　联合填筑法

（2）机械填筑路堤作业方式。

土方路基的施工机械主要有推土机、铲运机、挖掘机、装载机、平地机、压路机（或其他压实机具）以及适当数量的运输车辆等。根据以往工程实践经验的总结，几种常用的土方机械的选择和使用如表 3-1 所示。按施工条件选择土方机械时可参考表 3-2。

表 3-1　常用土方机械适用范围

机械名称	适用的作业项目		
	施工准备工作	基本土方作业	施工辅助作业
推土机	1. 修筑临时道路； 2. 推倒树木，拔除树根； 3. 铲草皮及建筑碎屑； 4. 推缓陡坡地形，整平场地； 5. 翻挖回填井、坑等	1. 高度 3 m 以内的路堤和路堑土方； 2. 运距 100 m 以内土方的挖填与压实； 3. 傍山坡挖填与路基填方	1. 路基缺土方的回填； 2. 路基粗平，取弃土方的整平； 3. 填土压实，斜坡上挖台阶； 4. 配合挖掘机、铲运机运土
铲运机	1. 铲除草皮； 2. 移运孤石	运距在 60～700 m 以内的挖土、运土、铺平与压实	1. 路基精平； 2. 取土坑与弃土堆整平
自动平地机	除草、除雪、松土	修筑 0.75 m 以内路堤与 0.6 m 以内路堑，以及挖填结合路基的挖、运填土	开挖排水沟，平整路基，整修边坡
松土机	翻松旧路面，清除树根及废层，翻松硬土		破碎 0.5 m 以内的冻土层
挖掘机		1. 半径 7 m 以内的挖土与卸土； 2. 装土供汽车远运	1. 挖沟槽与基坑； 2. 水下捞土

表 3-2　选择土方机械的施工条件

路堤形式及施工方法	填方高度 /m	土方移运水平直距/m	主要施工机械名称	辅助机械	机械施工运距/m	最小工作地段长度/m
路侧取土	<0.75	<15	自动平地机			300～500
路侧取土	<3.00	<40	80 马力①推土机		10～40	—

---

① 马力为功率的非法定计量单位，1 马力约合 735 瓦。

路堤形式及施工方法	填方高度/m	土方移运水平直距/m	主要施工机械名称	辅助机械	机械施工运距/m	最小工作地段长度/m
路侧取土	<3.00	<60	100~140马力推土机		10~60	—
路侧取土	<6.00	20~100	6 m³ 拖式铲运机	80马力推土机	80~250	50~80
路侧取土	>6.00	50~200	6 m³ 拖式铲运机		250~500	80~100
远运取土	不限	<500	6 m³ 拖式铲运机		<700	50~80
远运取土	不限	500~700	9~12 m³ 拖式铲运机		<1 000	50~80
远运取土	不限	>500	9 m³ 自动铲运机		>500	50~80
远运取土	不限	>500	自卸汽车运土		>500	5 000 m³

①常用机械的组合方法。

a. 取土场取土的机械组合方法：挖掘机挖、装，运输车运；挖掘机集土，装载机装，运输车运土；推土机集土，装载机装，运输车运等。

b. 碾压机械的组合方法：推土机摊平填土，平地机找平，压路机碾压；推土机摊平填土，推土机找平，压路机碾压等。

②土质路堤机械化施工的操作程序。

土质路堤机械化施工的操作程序为：挖掘机挖取土→大型自卸车运土→推土机推土→平地机整平→压路机压实。

路堤填筑所需机械的配备要按具体情况确定。如一般情况下高速公路可参考表3-3。

表3-3 路堤填筑所需机械的配备

机械种类	数量	说明
挖掘机（1.5 m³）	2台	
自卸车（15~20 t）	10辆	5 km内
推土机（GH140）	2台	
平地机（16G）	2台	
羊角碾振动压路机（16 t）	1台	
振动压路机	2台	

③推土机填筑路堤作业。

推土机土方作业由切土、运土、卸土、倒退（或折返）、空回等过程组成一个循环。影响作业效率的主要因素是切土和运土两个环节。其作业方式一般有：坑槽形推土法（图3-7）、波浪式推土法（图3-8）、并列推土法（图3-9）、下坡推土法（图3-10）、接力推土法。

图3-7　坑槽形推土法

图3-8　波浪式推土法

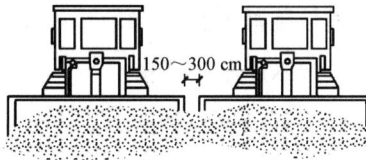

图3-9　并列推土法

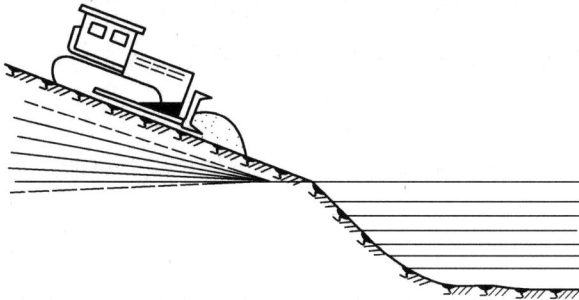

图3-10　下坡推土法

④挖掘机填筑路堤作业。

挖掘机填筑路堤作业方式有两种，一种是从路基一侧挖土，用反铲挖掘机施工；另一种方式则配合运土车辆，这是挖掘机填筑路堤施工的主要方式，正、反铲都能适用，而且一般在取土场比较集中且运距较长的情况下，最适用。

三、土质路堤施工技术要点

(1) 必须根据设计断面，分层填筑、分层压实。

(2) 路堤填土宽度每侧应宽于填层设计宽度，压实宽度不得小于设计宽度，最后削坡。

(3) 填筑路堤宜采用水平分层填筑法施工。如原地面不平，应由最低处分层开始填，每填一层，经过压实符合规定要求之后，再填上一层。

(4) 原地面纵坡大于12%的地段，可采用纵向分层法施工，沿纵坡分层，逐层填压密实。

(5) 山坡路堤，地面横坡不陡于1∶5且基底符合规定要求时，路堤可直接修筑在天然的土基上。地面横坡陡于1∶5时，原地面应挖成台阶（台阶宽度不小于1 m），并用小型夯实机加以夯实。填筑应由最低一层台阶填起，并分层夯实，然后逐台向上填筑，分层夯实，所有台阶填完之后，即可按一般填土进行。

(6) 高速公路和一级公路，横坡陡峻地段的半填半挖路基，必须在山坡上从填方坡脚向上挖成向内倾斜的台阶，台阶宽度不应小于2 m。

(7) 不同土质混合填筑路堤时，以透水性较小的土填筑于路堤下层时，应做成4%的双向横坡；如用于填筑上层时，除干旱地区外，不应覆盖在由透水性较好的土所填筑的路堤边坡上。

(8) 不同性质的土应分别填筑，不得混填。每种填料层累计总厚不宜小于0.5 m。

(9) 凡不因潮湿或冻融影响而变更其体积的优良土应填在上层，强度较小的土应填在下层。

(10) 河滩路堤填土，应连同护道在内，一并分层填筑。可能受水浸淹部分的填料，应选用水稳性好的土料。

任务二 土质路堑开挖

一、土质路堑作业方法

1. 横向挖掘法

土质路堑横向挖掘可采用人工作业，也可机械作业（图 3-11），具体方法有：

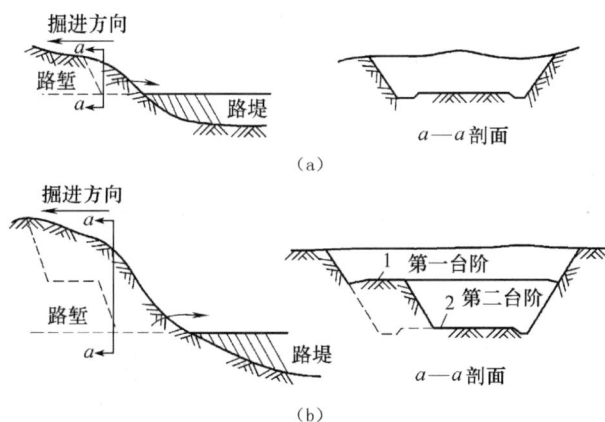

图 3-11 横向挖掘法

(a) 单层横向全宽挖掘法；(b) 多层横向全宽挖掘法

（1）单层横向全宽挖掘法：适用于挖掘浅且短的路堑。

（2）多层横向全宽挖掘法：适用于挖掘深且短的路堑。

2. 纵向挖掘法

土质路堑纵向挖掘多采用机械作业，具体方法有：

（1）分层纵挖法：适用于较长的路堑开挖 [图 3-12 (a)]。

（2）通道纵挖法：该法适用于较长、较深、两端地面纵坡较小的路堑开挖 [图 3-12 (b)]。

（3）分段纵挖法：该法适用于过长、弃土运距过远、一侧堑壁较薄的傍山路堑开挖 [图 3-12 (c)]。

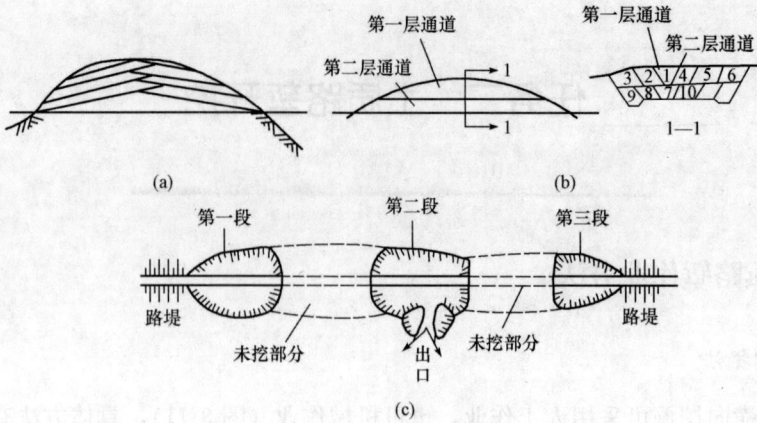

图 3-12　纵向挖掘法

（a）分层纵挖法；（b）通道纵挖法；（c）分段纵挖法

3. 混合式挖掘法

该法适用于路线纵向长度和挖深都很大的路堑开挖（图 3-13）。

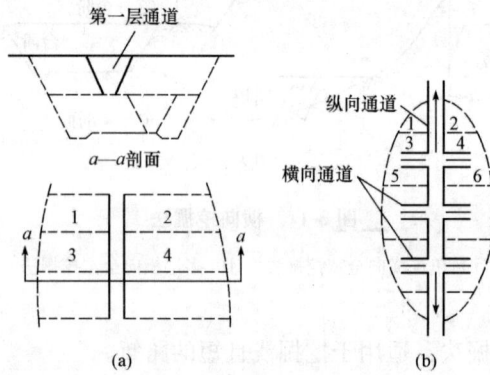

图 3-13　混合挖掘法

（a）横面和平面；（b）平面纵、横通道示意图

二、机械开挖作业方式

1. 推土机开挖土质路堑

其作业方式一般有：坑槽形推土法、波浪式推土法、并列推土法、下坡推土法、槽形推土法、接力推土法。另有斜铲推土法或侧铲推土法，如图 3-14 所示为推土机。

图 3-14 推土机

2. 挖掘机开挖土质路堑作业

公路工程施工中以单斗挖掘机最为常见，而路堑土方开挖中又以正铲挖掘机使用最多（图 3-15）。正铲工作面的高度一般不应小于 1.5 m。其作业方法有侧向开挖和正向开挖。

图 3-15 挖掘机

任务三　路基改建施工

一、路基加宽施工技术要点

（1）新填土的压实度应提高 1%～2%。

（2）当旧路为翻浆土时，路基的上部分应填筑砂土，或铺筑一层 15 cm 的无机结合料。

（3）加宽路堤，夏天施工时，要给粗粒碎石、石屑适当加水。

（4）采用粉煤灰加宽路基，压实前铺筑厚度应在 20～25 cm 范围内，如用振动压实机械，其层厚可在 35～40 cm。

（5）在加宽深度小于 2 m 路堑时，先将边坡的种植土挖去。

二、路基加高施工要点

（1）如果路基内 0.5 mm 以下的高塑性颗粒超过 20%或 30%时，最好掺入 20%～25%的砂，并在路基全宽拌匀和压实。

（2）旧路槽恢复完后必须整形，做成不小于 4%的双向横坡，再分层填筑。

三、新旧路基连接部处治技术要点

（1）清除旧路肩边坡上草皮、树根及腐殖土等杂物。

（2）将旧土路肩翻晒或掺灰重新碾压，以达到质量要求。

（3）修建试验路，改进路基开挖台阶的方案，由从土路肩开始下挖台阶，改为从硬路肩开始下挖台阶，以消除旧路基边坡压实度不足，加强新旧路基的结合程度，减少新旧路基结合处的不均匀沉降。

任务四　路基压实技术

一、压实的意义

经压实的路基密实度提高，透水性降低，毛细高度降低，变形减小，强度和水温稳定性提高。

压实的机理是压实排除土内气体，使土粒彼此挤紧，内摩阻力和粘结力提高，最终导致强度增加，稳定性提高。压路机压实作业如图 3-16 所示。

图 3-16　路基压实

二、路基压实标准和施工方法

衡量路基的压实程度是实际达到的干表观密度与室内标准试验所得的最大干表观密度的比值，即压实度或称压实系数。

压实度是工地上压实路基土达到的干密度 γ 与室内标准击实试验所得的该路基土的最大干密度 γ_0 之比。

$$K = \frac{\gamma}{\gamma_0} \times 100\%$$

式中：γ——路基土达到的干密度；

γ_0——室内标准击实试验所得的该路基土的最大干密度；

K——压实度。

路基压实度检测方法有灌砂法、环刀法、灌水法、核子密度湿度仪法等几种。

公路土质路基的压实标准如表 3-4 所示。

表 3-4　土质路基压实标准

项目分类		路面底面以下深度/cm	压 实 度/%		
			主线	二级公路	三、四级公路
路堤	上路床	0～30	≥96	≥95	≥94
	下路床	30～80	≥96	≥95	≥94
	上路堤	80～150	≥94	≥94	≥93
	下路堤	>150	≥93	≥92	≥90
路堑		0～30	≥96	≥95	≥94
		30～80	≥96	≥95	—

注：表中压实度以《公路土工试验规程》重型击实试验法为准

三、影响路基压实的因素

影响压实效果的主要因素有最佳含水量、土质、压实厚度、压实功能。

1. 最佳含水量

最佳含水量时，干表观密度最大，此时压实效果最好，耗费的压实功能最经济。

2. 土质

砂性土的压实效果优于黏性土。不同土质压实效果如图 3-17 所示。

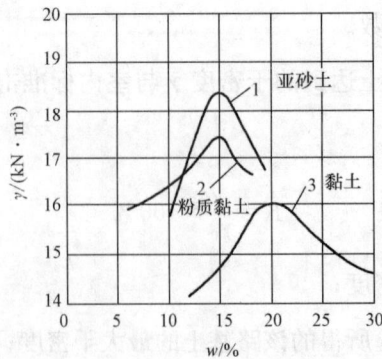

图 3-17　不同土质压实效果对比

3. 压实厚度

压实厚度效果有明显影响，压实度随深度递减。因此，一般情况下，夯实厚度不超过 20 cm。使用 12～15 t 压路机，压实厚度不宜超过 25 cm。

4. 压实功能

在相同含水量条件下，压实功能越大，土的密实度越大。当压实功能增加到一定程度后，土的密实度增加不明显，甚至会破坏土基结构。不同压实功能压实效果如图 3-18 所示。

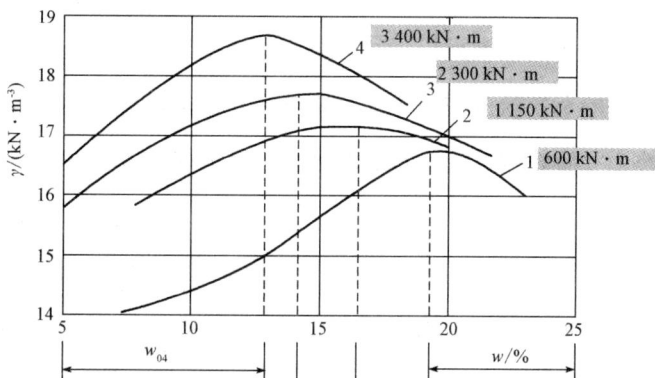

图 3-18 不同压实功能压实效果对比

5. 压实机具和方法的影响

压实机具不同，压力传布的有效深度不同；压实机具质量较小时，荷载作用时间越长，土的密实度越高，密实度的增长随作用时间的增长而减小；压实机具较重时，土的密实度随荷载作用时间的增加而迅速增大，超过某一时间限度，土基变形增加而被破坏。

四、土质路堤压实施工技术

压实机械对土进行碾压时，碾压速度越高，压实效果越差，一般以慢速效果最好。一般光轮静碾压路机的最佳速度为 2～5 km/h，振动压路机为 3～6 km/h。各种压路机械的最大速度不宜超过 4 km/h。对压实度要求高以及铺土层较厚时，行驶速度要更慢些。开始时宜先轻压，随着土体密度的增加，再逐步提高压强。压实时的单位压力不应超过土的强度极限。

压实土层的密实度随深度递减，表面 5 cm 的密实度最高。填土分层的压实厚度和压实遍数与压实机械类型、土的种类和压实度要求有关，应通过试验路来确定。同样质量的振动压路机要比光轮静碾压路机的压实有效深度大 1.5～2.5 倍。如果压实遍数超过 10 遍仍达不到压实度要求，则继续增加遍数的效果很小，不如减小压实层厚。

推运摊铺土料时，应力求机械车辆均匀地分布行驶在整个路堤宽度内，以便填土得到均匀预压。否则，要采用轻型光轮压路机（6～8 t）进行预压。正式碾压时，若为振动压路机，第一遍应静压，然后由弱振到强振。碾压时，在直线路段和大半径曲线路段，应先压边缘，后压中间；小半径曲线地段因有较大的超高，碾压顺序宜先低（内侧）后高（外侧）。

碾压一段终了时，宜采取纵向退行方式继续第二遍碾压，不宜采用掉头方式，以免因机械调头时搓挤土，使压实的土被翻松。故压路机始终要以纵向进退方式进行压实作业。

碾压时，横向接头的车轮轨迹应有一部分重叠，对振动压路机一般重叠 40～50 cm，对三轮压路机一般重叠 1/2 后轮宽，前后相邻两区段亦宜纵向重叠 1～1.5 m。应做到无漏压、无死角和确保碾压均匀。

路堤边缘往往压实不到，仍处于松散状态，故两侧可采取多填宽度 40～50 cm，压实工作完成后再按设计宽度和坡度予以刷齐整平。也可以采用卷扬机牵引的小型振动压路机从坡脚向上碾压，或采用人工拍实。坡度不陡于 1∶1.75 时，可用履带式推土机从下向上压实。

不同的填料和场地条件选择不同的压实机械。一般来说，轻型光轮压路机（6～8 t）适用于各种填料的预压整平；重型光轮压路机（12～15 t）适用于细粒土、砂类土和砾石土；重型轮胎压路机（30 t 以上）适用于各种填料，尤其是细粒土。气胎压力应根据填料种类进行调整，土颗粒越细，气压越高；羊足碾最适用于细粒土，也适用于粉土质与黏土质砂，需有光轮压路机配合，对被翻松的表层进行补压。

振动压路机具有滚压和振动的双重作用，用于砂类土、砾石土和巨粒土，其效果远远优于其他压实机械，但对细粒土的压实效果不理想。

牵引式碾压机械结构质量大，爬坡能力强，生产率高，适合于工作场地广阔，可以采用螺旋形运行路线；自行式碾压机械结构较小，灵活机动，适合于一般工作场地，宜采用穿梭式直线运行，在尽头回转；夯实机械在路基压实中仅用于狭窄工作场地的作业。

压实机具选择可参照表 3-5 进行。各种压实机具如图 3-19 所示。

表 3-5　压实机具选择

机具名称	最大有效压实厚度/m	碾压行程次数				适宜的土类
		黏性土	粉质黏土	粉砂土	砂黏土	
人工夯实	0.10	3～4	3～4	2～3	2～3	黏性土与砂性土
牵引式光面碾	0.15	—	—	7	5	黏性土与砂性土
羊足碾（2 个）	0.20	10	8	6	—	黏性土
自动式光面碾 5 t	0.15	12	10	7	—	黏性土与砂性土
自动式光面碾 10 t	0.25	10	8	6	—	黏性土与砂性土
气胎路碾 25 t	0.45	5～6	4～5	3～4	2～3	黏性土与砂性土
气胎路碾 50 t	0.70	5～6	4～5	3～4	2～3	黏性土与砂性土
夯击机 0.5 t	0.40	4	3	2	1	砂性土
夯击机 1.0 t	0.60	5	4	3	2	砂性土
夯板 1.5 t，落高 2 m	0.65	6	5	2	1	砂性土
履带式	0.25	6～8		6～8		黏性土与砂性土
振动式	0.40	—		2～3		砂性土

图 3-19　各种压实机械

任务五 路基季节性施工

一、雨期施工

（一）雨期施工地段的选择

（1）雨期路基施工地段一般应选择丘陵和山岭地区的砂类土、碎砾石和岩石地段及路堑的弃方地段。

（2）重黏土、膨胀土及盐渍土地段不宜在雨期施工；平原地区排水困难，不宜安排雨期施工。

（二）雨期施工前的准备工作

（1）据实编制实施性的雨期施工组织计划。

（2）应修建施工便道并保持畅通。

（3）住地、库房、车辆机具停放场地、生产设施都应设在最高洪水位以上地点或高地上，并应与泥石流沟槽冲积堆保持一定的安全距离。

（4）应修建临时排水设施，保证雨期作业的场地不被洪水淹没并能及时排除地面水。

（5）应储备足够的工程材料和生活物资。

（三）雨期填筑路堤

（1）雨期路堤施工地段除施工车辆外，应严格控制其他车辆在施工场地通行。

（2）填筑路堤前，应在填方坡脚以外挖掘排水沟，保持场地不积水。

（3）应选用透水性好的碎（卵）石土、砂砾、石方碎渣和砂类土作为填料。利用挖方土填方时应随挖随填及时压实。含水量过大、无法晾干的土不得用做雨期施工填料。

（4）路堤应分层填筑。每一层的表面，应做成2%～4%的排水横坡。当天填筑的土层应当天完成压实。

（5）雨期填筑路堤需借土时，取土坑距离填方坡脚不宜小于3 m。平原区路基纵向取土时，取土坑深度一般不宜大于1 m。

（四）雨期开挖路堑

（1）土质路堑开挖前，在路堑边坡坡顶2 m以外开挖截水沟并接通出水口。

（2）开挖土质路堑宜分层开挖，每挖一层均应设置排水纵横坡。挖方边坡不宜一次挖到设计标高，应沿坡面留 30 cm 厚，待雨期过后整修到设计坡度。以挖作填的挖方应随挖随运随填。

（3）土质路堑挖至设计标高以上 30～50 cm 时应停止开挖，并在两侧挖排水沟。待雨期过后，再挖到路床设计标高，最后压实。

（4）土的强度低于规定值时应按设计要求进行处理。

（5）雨期开挖岩石路堑，炮眼应尽量水平设置。边坡应按设计坡度自上而下层层刷坡。

二、路基冬期施工技术

（1）在反复冻融地区，昼夜平均温度在 −30 ℃以下，连续 10 天以上时，进行路基施工称为路基冬期施工。

（2）当昼夜平均温度虽然上升到 −30 ℃以上，但冻土未完全融化时，也应按冬期施工。

（一）路基工程可冬期进行的项目

（1）泥沼地带河湖冻结到一定深度后，如需换土时可趁冻结期挖去原地面的软土、淤泥层换填合格的其他填料。

（2）含水量高的流动土质、流沙地段的路堑可利用冻结期开挖。

（3）河滩地段可利用冬期水位低，开挖基坑修建防护工程，但应采取加温保温措施，注意养护。

（4）岩石地段的路堑或半填半挖地段，可进行开挖作业。

（二）路基工程不宜冬期施工的项目

（1）高速公路、一级公路的土路基和地质不良地区的二级以下公路路堤。

（2）铲除原地面的草皮、挖掘填方地段的台阶。

（3）整修路基边坡。

（4）在河滩低洼地带将被水淹的填土路堤。

（三）路基冬期施工前应进行的准备工作

（1）对冬期施工项目按次排队，编制实施性的施工组织计划。

（2）冬期施工项目在冰冻前应进行现场放样，保护好控制桩并树立明显的标志，防止被冰雪掩埋。

（3）冰冻前应挖好坡地上填方的台阶，清除石方挖方的表面覆盖层、裸露岩体。

（4）维修保养冬期施工需用的车辆、机具设备，充分备足冬期施工期间的工程材料。

（5）准备施工队伍的生活设施、取暖照明设备、燃料和其他越冬所需的物资。

（四）冬期填筑路堤

（1）冬期施工的路堤填料，应选用未冻结的砂类土、碎石土、卵石土，开挖石方的石块、石渣等透水性良好的土。

（2）冬期填筑路堤，应按横断面全宽平填，每层松铺厚度应按正常施工减少 20%～30%，且最大松铺厚度不得超过 30 cm，压实度不得低于正常施工时的要求，当天填的土必须当天完成碾压。

（3）当路堤高距路床底面 1 m 时，应碾压密实后停止填筑。

（4）挖填方交界处，填土低于 1 m 的路堤都不应在冬期填筑。

（5）冬期施工取土坑应远离填方坡脚。如条件限制需在路堤附近取土时，取土坑内侧到填方坡脚的距离应不得小于正常施工护坡道的 1.5 倍。

（6）冬期填筑的路堤，每层每侧超填并压实。待冬期后修整边坡，削去多余部分，并拍打密实或加固。

（五）冬期施工开挖路堑表层冻土的方法

（1）爆破冻土法：当冰冻深度达 1 m 以上时可用此法炸开冻土层。

（2）机械破冻法：1 m 以下的冻土层可选用专用破冻机械，如冻土犁、冻土锯和冻土铲等，予以破碎清除。

（3）人工破冻法：当冰冻层较薄，破冻面积不大时，可用日光暴晒法、火烧法、热水开冻法、水针开冻法、蒸汽放热解冻法和电热法等方法胀开或融化冰冻层，并辅以人工撬挖。

（六）冬期开挖路堑

（1）当冻土层被开挖到未冻土后，应连续作业，分层开挖，中间停顿时间较长时，应在表面覆雪保温，避免重复被冻。

（2）挖方边坡不应一次挖到设计线，应预留 30 cm 厚台阶，待到正常施工季节再削去预留台阶，整理达到设计边坡。

（3）路堑挖至路床面以上 1 m 时，挖好临时排水沟后，应停止开挖并在表面覆以雪或松土，待到正常施工时，再挖去其余部分。

（4）冬期开挖路堑必须从上向下开挖，严禁从下向上掏空挖"神仙土"。

（5）每日开工时先挖向阳处，气温回升后再挖背阴处，如开挖时遇地下水源，应及时挖沟排水。

（6）冬期施工开挖路堑的弃土要远离路堑边坡坡顶堆放。弃土堆高度一般不应大于3 m，弃土堆坡脚到路堑边坡顶的距离一般不得小于3 m，深路堑或松软地带应保持5 m以上。弃土堆应摊开整平，严禁把弃土堆于路堑边坡顶上。

任务六 特殊路基施工

特殊路基包括软土地区路基、湿黏土路基、红黏土地区路基、膨胀土地区路基、黄土地区路基、盐渍土地区路基、风积沙及沙漠地区路基、季节性冻土地区、多年冻土地区、涎流冰地段、雪害地段路基、滑坡地段、崩塌与岩堆地段、泥石流地段、岩溶地区、采空区、沿河沿溪地区、水库地区、滨海地区等。

一、软土路基施工

修建在软土地区的路基，主要有填筑荷载引起的滑动破坏稳定问题和沉降问题。

（1）在二级及二级以上公路路堤施工中，必须进行沉降和稳定的动态观测，如表 3-6 所示。

表 3-6 沉降和稳定动态观测

观测项目	常用仪具名称	观测内容及目的
地表沉降量	地表型沉降计（沉降板）	根据测定数据调整填土速率；预测沉降趋势，确定预压卸载时间和结构物及路面施工时间；提供施工期间沉降土方量的计算依据
地表水平位移量及隆起量	地表水平位移桩（边桩）	监测地表水平位移及隆起情况，以确保路堤施工的安全和稳定
地下土体分层水平位移量	地下水平位移计（测斜管）	用做掌握分层位移量，推定土体剪切破坏的位置。必要时采用

①观测仪表应在软土地基处理之后埋设，并在观测到稳定的初始值后，方可进行路堤填筑。

②地基条件差、地形变化大、实际问题多的部位和土质调查点附近应设置观测点。同一路段不同观测项目的圈点宜布置在同一横断面上。

③施工期间观测频率应与沉降、稳定的变形速率相适应，每填筑一层应观测一次；如果两次填筑间隔时间较长，每 3 天至少观测一次。路堤填筑完成后，堆载预压期间观测应

视地基稳定情况而定，半月或每月观测一次，直至预压期结束。

④如地基稳定出现异常，应立即停止加载并采取措施处理，待路堤恢复稳定后，方可继续填筑。

（2）软土路基施工要点。软基在开挖时要注意解决渗水和雨水两个问题，可采用边挖边填，也可全部或局部清除后进行全部或局部回填，尽可能换填渗水性材料，并注意及时抽水。

碎石土及粉煤灰等工业废渣常作为换填材料。压实时，为达到较好的压实效果，常采用振动压路机和重型静力压路机（三轮压路机 12～15 t）。

如果路基与两侧沼泽完全隔离，就可按照一般路堤填筑方式进行填筑，分层碾压时控制好含水量、碾压遍数、碾压方式及路堤边坡、护坡道的密实程度，要做好泥沼与路堤之间的边沟排水，保证路堤不受水毁和冻害。路堤与两侧沼泽不能完全隔离，在清除路基底部软土后，如缺乏渗透性良好的土源，可在路堤底面用砂石料设置透水性路堤，如图 3-20 所示。

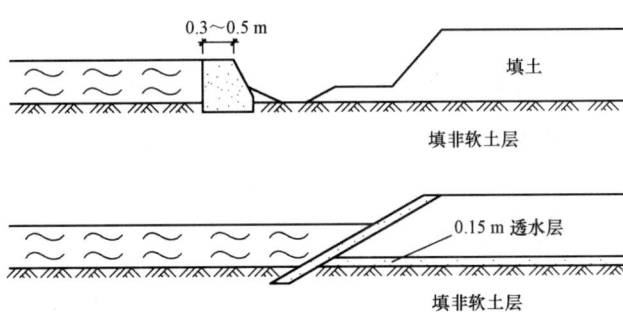

图 3-20　路基两侧软土防护

二、黄土路基施工

1. 路基填料的选择

用轻质材料填筑路堤可减轻对地基承载力的要求。目前，国内已有应用粉煤灰填筑路堤的成功经验，可使路堤自重减轻 25% 左右。

对上路床的填料提出了限制的条件，高速公路和一级公路路面底以下 0～30 cm 的路床填料 CBR 值应大于 8，下路床及其下面的填土，也都给出了相应的规定值。

当路基填料达不到规定的最小强度时，应采取掺和粗粒料、换填或用石灰等稳定材料处理，并不规定对其他等级公路铺筑高级路面时，也要采用高速公路和一级公路的规定值。

2. 黄土路基施工技术要点

（1）黄土路堤施工时，应做好填挖界面的结合（纵向），清除坡面杂草，挖好向内倾斜的台阶。如结合面陡立，无法挖成台阶时，可采用土工钉加强结合。若地基土层具有强湿陷性或较高的压缩性，且容许承载力低于路堤自重压力时，可考虑采用重锤夯实，石灰桩挤密加固。

（2）黄土含水量过小，应均匀加水再行碾压；如含水量过大，可翻松晾晒至需要含水量再进行碾压，也可掺入适量石灰处理，降低含水量。掺灰后应将土、灰拌匀，其最大干密度应通过击实试验确定。

（3）老黄土透水性差，干湿难以调节，大块土料不易粉碎，使用前应通过试验决定措施。路床填料不得使用老黄土。新黄土为良好填料，可用于填筑路床。黄土路堤应分层填筑，分层压实，大于 10 cm 的块料必须打碎，并应在接近土的最佳含水量时碾压密实。

（4）根据设计及时修筑外侧边缘的拦水、截水沟构造物和急流槽，将水引至坡脚以外，对高度大于 20 m 的路堤，应按设计预留竣工后路堤自重压密固结产生的压缩下沉量。

（5）黄土地区应特别注意路基排水，对地表水应采取拦截、分散、防冲、防渗、远接远送的原则，根据设计及时做好综合排水设施，将水迅速引离路基。在填挖交界处引出边沟水量，应做好出水口的加固。

三、滑坡地段路基的施工技术要点

地下水活动是诱发滑坡产生的主要外因，不论采用何种方法处理滑坡，都必须做好地表水及地下水的处理。除此以外，选择干旱的施工季节，集中力量突击滑坡施工段。排除降水及地下水的主要方法有以下几种：

（1）环形截水沟。

施工技术规范规定：对于滑坡顶面的地表水，应采取截水沟等措施处理，不让地表水流入滑动面内。必须在滑动面以外修筑 1～2 条环形截水沟。

（2）树枝状截水沟，如图 3-21 所示。

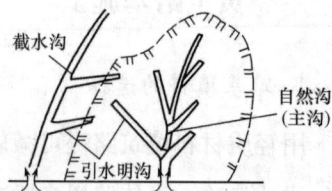

图 3-21　树枝状截水沟

（3）平整夯实滑坡体表面的土层，防止地表水渗入滑体坡面造成高低不平，不利于地表水的排除而易于积水，且应将坡面做适当平整。

（4）排除地下水。

任务七 路基整修与检查验收

一、路基整修

路基整修工作内容包括按规范规定进行路堤和路堑边坡的修整，以符合图纸规定的线形、纵坡、边坡、边沟和路基断面的有关作业。路基整修应在路基工程陆续完工，所有排水构造物已经完成并在回填之后进行。承包人应恢复各项标桩，按设计图纸要求检查路基的中线位置、宽度、纵坡、横坡、边坡及相应的标高等。根据检查结果，编制出整修计划。整修工作应在检查结果及整修计划经监理工程师核查与批准后方能动工。

1. 路基表面整修

（1）土质路基表面应用人工或机械刮土或补土的方法整修，并配合压路机械碾压，表面不得有松散、翻浆及表面不平整现象。石质路基表面应用石屑嵌缝紧密、平整，不得有坑槽和松石。

（2）土质路基表面做到设计标高后应采用平地机或推土机刮平，铲下的土不足以填补凹陷时，应采用与路基表面相同的土填平夯实。

（3）修整的路基表层厚 150 mm 以内，松散的或半埋的尺寸大于 100 mm 的石块应从路基表面层移走，并按规定填平压实。

2. 路基边坡整修

（1）深路堑土质边坡整修应按设计要求坡度，自上而下进行边坡整修，不得在边坡上以土贴补。

（2）边坡需要加固地段，应预留加固位置和厚度，使完工后的坡面与设计边坡一致。当填土不足或路堑边坡受雨水冲刷形成小冲沟时，应将原边坡挖成台阶，分层填补，仔细夯实。如填补的厚度很小（10～20 cm），而又非边坡加固地段时，可用种草整修的方法，以种植土来填补，但应顺适、美观、牢靠。石质路基边坡，应做到设计要求的边坡比。坡面上的松石、危石应及时清除。

（3）填方路基边坡受雨水冲刷形成冲沟或坍塌缺口时，应自下而上，分层挖台阶加宽填补夯实，再按设计坡面削坡，弯道内侧路肩边缘应修建路肩拦水带。

（4）填土路基两侧超填的宽度应予切除，如遇边坡缺土时，必须挖成台阶，分层填补夯实。

3. 排水系统及其他整修要求

（1）边沟的整修应挂线进行。对各种水沟的纵坡（包括取土坑纵坡）应用仪器检测，修整到符合图纸及规范要求。各种水沟的纵坡，应按图纸及规范要求办理，不得随意用土填补。

（2）截水沟、排水沟及边沟的断面、边坡坡度，应按设计要求办理。沟的表面应整齐、光滑。填补的凹坑应拍捶密实。

（3）在路面铺筑完成后或铺筑时，应立即填筑土路肩，同时按设计要求进行加固。

（4）路基整修完毕后，堆于路基范围内的废弃土料应予清除。

（5）修整过的路基应继续维修养护，直到缺陷责任期满为止。

二、路基的检查与验收

（1）当每一分项、分部工程完成时，应按批准的设计图纸、设计文件、技术规范的要求，对施工质量进行中间检查。

（2）路基施工过程中如有下列情况，应进行中间检查：

①地基准备工作完成后（清除地面杂草、淤泥等，及在斜坡上完成台阶后）；

②边坡加固前，应对其加固方法、形式、填挖方边坡加固的适用性，以及边坡坡度是否适当进行检查；

③发现已完的土方工程及竣工后的路基被地面水浸淹损坏时；

④取土坑及弃土堆超过原设计的数量时；

⑤遇意外的填土下陷及填挖方的边坡坍塌需增加土方及边坡加固工程数量时；

⑥在进行计划以外的附加土方工程（排水沟、截水沟、疏导工程等）时；

⑦遇下列隐蔽工程时，必须按照设计要求和有关规定进行中间检查验收，凡不符合要求的项目不得进行下一道工序。

a. 路基渗沟回填土以前；

b. 填方或挖方地段，按设计规定所做的换土工作完成后；

c. 对需采取特殊措施才能保证填方稳定的路基，在地基处理后（如泉水、溶洞、地下水处理后）；

d. 路基隔离层上填土以前。

（3）各类防护加固工程基础开挖后，应检查基底地质、标高、地下水情况。

（4）交工竣工验收时，应对下列项目进行检查、验收：

①路基的平面位置；

②路基宽度、标高、横坡和平整度；

③边坡坡度及边坡加固；

④边沟和其他排水设施的尺寸及底面纵坡；

⑤防护工程的各部尺寸及位置；

⑥填土压实度和表面弯沉；

⑦取土坑、弃土堆、护坡道、截水沟、渗水井等位置和形式；

⑧隐蔽工程记录。

（5）路基工程全部完成时的交工及竣工验收的质量检查评定应按现行的《公路工程质量检验评定标准》有关规定办理。不符合设计、标准和规范的，应按标准和规定进行整修或处理。

三、路基维修

（1）路基工程完工后、路面未施工前及公路工程初验后至终验前，路基如有损毁，施工单位应负责维修，并保证路基排水设施完好，及时清除排水设施中的淤积物、杂草等。

对较长时间中途停工和暂时不做路面的路基，也应做好排水设施，复工前应对路基各分项工程予以修整。

（2）整修路基表面，应使其无坑槽，并保持规定的路拱，在路堤经雨水冲刷或其他原因发生裂缝沉陷时，应立即修补、加固或采取其他措施处理，查明原因并做出记录。遇路堑边坡坍方时，应及时清除。

（3）在未经加固的高路堤和路堑边坡上，或在潮湿地区，对路基有害的积雪应及时清除。

（4）当构造物有变形时，应详细查明原因予以修复，并采取相应的稳定措施。

（5）路基工程完成后，每当大雨、连日暴雨或积雪融化后，应控制施工机械和车辆在土质路基上通行。若不可避免时，应将碾压的坑槽中的积水及时排干，整平坑槽，对修复部分重新压实。

四、路基的质量验收标准

1. 一般规定

（1）土方路基和石方路基的实测项目、技术指标的规定值或允许偏差，按高速公路、一级公路和其他公路（指二级及以下公路）两挡设定。

（2）土方路基和石方路基实测项目规定的检查频率，为双车道公路每一检查段内的最低检查频率，多车道公路必须按车道数与双车道之比，相应增加检查数量。

（3）路基压实度指标须分层检测，确保符合规定要求。路基其他检查项目均在路基完成后对上路床顶面进行检查测定。

（4）路肩工程应作为路面工程的一项分项工程进行检查评定。

2. 土方路基

（1）基本要求。

①路基必须分层填筑压实，表面平整、坚实，无软弹和翻浆现象，路拱合适，排水良好，压实度和路床的整体强度符合设计要求。

②挖方地段遇有树根、洞穴等必须进行处理，上边坡要平整、稳定。

③填方地段应在填土前排除地面积水和其他杂物（草皮、淤泥、腐殖土和冰块）并平整压实。路堤边坡应修整密实、顺直、平整、稳定，填料及路堤的整体强度必须符合设计要求。

④不得采用设计或规范规定的不适用土料作为路基填料。路基填料强度（CBR 值）必须符合规范和设计规定。

⑤取土坑、弃土堆的位置适当、整齐，无水土流失和淤塞河道情况。

⑥施工临时排水系统应与设计排水系统结合，勿使路基附近积水，避免冲刷边坡。

（2）实测项目：土方路基实测项目如表 3-7 所示。

表 3-7 土方路基实测项目

项次	检查项目			规定值或允许偏差			检查方法和频率	权值
				高速公路、一级公路	其他公路			
					二级公路	三、四级公路		
1△	压实度/%	零填及挖方/m	0~0.30	—	—	94	按附录 B 检查。密度法：每 200m 每压实层测 4 处	3
			0~0.80	≥96	≥95	—		
		填方/m	0~0.80	≥96	≥95	≥94		
			0.80~1.50	≥94	≥94	≥93		
			>1.50	≥93	≥92	≥90		
2△	弯沉（0.01 mm）			不大于设计要求值			按附录 I 检查	3
3	纵断高程/mm			+10，−15	+10，−20		水准仪：每 200 m 测 4 断面	2
4	中线偏位/mm			50	100		经纬仪：每 200 m 测 4 点，弯道加 HY、YH 两点	2
5	宽度/mm			不小于设计			米尺：每 200 m 测 4 处	2
6	平整度/mm			15	20		3 m 直尺：每 200 m 测 2 处×10 尺	2
7	横坡/%			±0.3	±0.5		水准仪：每 200 m 测 4 个断面	1
8	边坡			不陡于设计值			尺量：每 200 m 测 4 处	1

注：①表列压实度以重型击实试验法为准，评定路段内的压实度平均值下置信界限不得小于规定标准，单个测定值不得小于极值（表列规定值减 5 个百分点）。小于表列规定值 2 个百分点的测点，按其数量占总检查点的百分率计算减分值。②采用核子仪检验压实度时应进行标定试验，确认其可靠性。③特殊干旱、特殊潮湿地区或过湿土路基，可按交通部颁发的路基设计、施工规范所规定的压实度标准进行评定。④三级公路修筑沥青混凝土或水泥混凝土路面时，其路基压实度应采用二级公路标准。

（3）外观鉴定。

①路基表面平整，边线直顺。

②路基边坡坡面平顺、稳定，不得亏坡，曲线圆滑。

③取土坑、弃土堆、护坡道、碎落台的位置适当，外形整齐、美观，防止水土流失。设计植草的路段，不得发现明显缺陷。

3. 石方路基

(1) 基本要求。

①开炸石方应避免超量爆破，上边坡必须稳定；坡面的松石、危石必须清除干净。

②修筑填石路堤应认真进行地表清理，逐层水平填筑石块，摆放平稳。填筑层厚度及石块尺寸应符合设计和施工规范规定，填石空隙用小石或石屑填满铺平，采用振动压路机分层碾压，填筑层顶面石块应稳定。

③路基顶部填筑石块的最大尺寸不大于 15 cm。

④路基表面应整修平整，边坡应顺直。

(2) 石方路基实测项目。

石方路基实测项目如表 3-8 所示。

表 3-8　石方路基实测项目

项次	检查项目		规定值或允许偏差		检查方法和频率	权值
			高速公路、一级公路	其他公路		
1	压实		层厚和碾压遍数符合要求		查施工记录	3
2	纵断高程/mm		+10，−20	+10，−30	水准仪：每 200 m 测 4 断面	2
3	中线偏位/mm		50	100	经纬仪：每 200 m 测 4 点，弯道加 HY、YH 两点	2
4	宽度/mm		不小于设计		米尺：每 200 m 测 4 处	2
5	平整度/mm		20	30	3 m 直尺：每 200m 测 2 处×10 尺	2
6	横坡/%		±0.3	±0.5	水准仪：每 200 m 测 4 断面	1
7	边坡	坡度	不陡于设计值		每 200 m 抽查 4 处	1
		平顺度	符合设计要求			

注：土石混填路基压实度或固体体积率可根据实际可能进行检验，其他检测项目与石方路基相同。

(3) 外观鉴定。

①上边坡不得有松石。

②路基边线直顺，曲线圆滑。

项目四　石质路基施工

知识目标

(1) 石质路基填筑的基本方法。

(2) 石方爆破的基本方法。

能力目标

(1) 能够描述石质路基填筑的基本方法。

(2) 对爆破器材、选用各种爆破方法的基本原则与综合爆破方法有一定的了解和掌握。

任务导入

某高速公路路线设计等级为山岭重丘高速公路，设计时速 80 km/h。其中，K148+000～K149+000 段路基为填石路基。

[问题]

施工中如何控制路基压实度？施工中应注意哪些问题？

任务一　石质路基施工技术

填石路堤一般是指粒径大于 37.5 mm，含量超过 70% 的石料填筑的路堤，如图 4-1 所示。

图 4-1 填石路堤

填石路堤施工流程如图 4-2 所示。

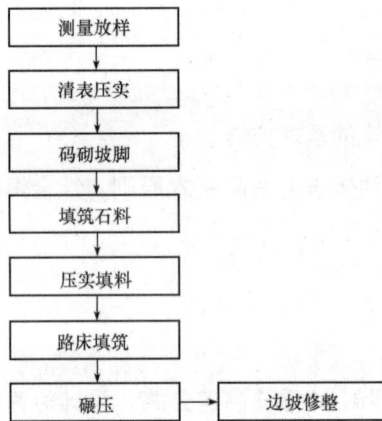

图 4-2 填石路堤施工流程

一、填料要求

填石路堤一般都是利用当地就近石料做填料修筑，公路沿线石料性质有变化，尽可能选择当地强度高、稳定性好并便于施工的石料。强度不小于 15 MPa，最大粒径不大于 500 mm，并不宜大于层厚的 2/3。路床顶面以下 400 mm 范围内，填料粒径应小于 150 mm。但是膨胀性岩石、易溶性岩石不宜直接用于路堤填筑，强风化石料、崩解性岩石和盐化岩石不得直接用于路堤填料。

二、基底处理

(1) 二级及二级以上公路路堤基底的压实度应不小于 90％；三级、四级公路应不小于 85％。路基填土高度小于路面和路床总厚度时，基底应按设计要求处理。

(2) 原地面坑、洞、穴等，应在清除沉积物后，用合格填料分层回填分层压实，压实度应符合规定。

(3) 泉眼或露头地下水，应按设计要求采取有效导排措施后方可填筑路堤。

(4) 地基为耕地、土质松散、水稻田、湖塘、软土、高液限土等时，应按设计要求进行处理，局部软弹的部分也应采取有效的处理措施。

(5) 当地下水影响路堤稳定时，应采取拦截引排地下水或在路堤底部填筑渗水性好的材料等措施。地下水位较高时，应按设计要求进行处理。

(6) 陡坡地段、土石混合地基、填挖界面、高填方地基等都应按设计要求进行处理。

(7) 当地面横坡缓于 1∶5 时，清除地表草皮、腐殖土后，可直接在天然地面上填筑路堤。当地面横坡为 1∶5～1∶2.5 时，原地面应挖台阶，台阶宽度不应小于 2 m。当基岩面上的覆盖层较薄时，宜先清除覆盖层再挖台阶；当覆盖层较厚且稳定时，可保留。地面横坡陡于 1∶2.5 地段的陡坡路堤，必须验算路堤整体沿基底及基底下软弱层滑动的稳定性，抗滑稳定系数不得小于规范要求的稳定安全系数。否则，应采取改善基底条件或设置支挡结构物等防滑措施。

(8) 承载力还应满足设计要求。

(9) 在非岩石地基上，填筑填石路堤前，应按要求设计过渡层。

三、边坡码砌

在填石路堤填筑前，要进行边坡码砌。码砌的石料应大于 30 cm，且石质坚硬。石料尽量规则，石料之间应尽量紧贴、密实，石料之间无明显空洞、松动现象。

四、运料摊铺

在石质填料装运时，尽量使填料均匀，避免大粒径填料过分集中。卸料时，按水平分层，先低后高，先两侧后中间。填石路堤的堆料和摊铺同时进行，由大功率的推土机向前摊铺，如图 4-3 所示。对大粒径的石块，要进行人工摆平，石块应贴紧底面，且大面朝下。同一位置，大粒径的石块不能重叠堆放。对细料明显少的段落，应撒铺石屑料，石屑料应占粗集料的 15%～20%，要保证石屑料填满石块间的缝隙。

图 4-3　填石路基施工

五、填筑方法

填石路堤的填筑方式有竖向填筑法和逐层填筑法两种。

1. 竖向填筑法（倾填法）

竖向填筑法（如图 4-4 所示）分为两种情况：一种是石块从岩面爆破后直接散落在准备填筑的路堤内；另一种是用推土机将爆破后堆放在半路堑上的石块以及用自卸汽车远处运来的爆破石块推入路堤。无论是哪种倾填情况，由于石料是从高处自然落下，石料间难免犬牙交错，空隙较大，故倾填路堤后的压实、稳定等问题较多。主要用于二级及二级以下且铺设低级路面的公路在陡峻山坡施工特别困难或大量爆破以挖作填路段，以及无法自下而上分层填筑的陡坡、断岩、泥沼地区和水中作业的填石路堤。

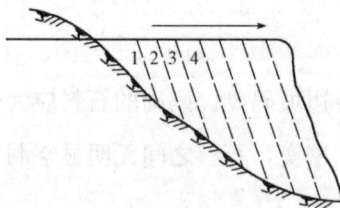

图 4-4　竖向填筑法

倾填前先用较大石块码砌一定高度且厚度不小于 2 m 的边坡，以免边坡部分松散不实。路床顶面以下 1 m 范围内应分层填筑，以提高密实度，减少不均匀沉陷。

2. 逐层填筑法（碾压法）

逐层填筑法自下而上水平分层，逐层填筑，逐层压实，石块要摆平放稳，石块间的空隙用小石块、石屑填塞，是普遍采用并能保证填石路堤质量的方法。高速公路、一级公路和铺设高级路面的其他等级公路的填石路堤采用此方法。

六、石质路基碾压

对于填石路堤，由于粒料间没有黏聚力，主要靠粒料之间相互嵌锁、紧密咬合。所以，填石路堤要采用大吨位的振动式压路机。在施工中采用 18 t 以上的振动式压路机。操作要求是先静压一遍，再振压 6~8 遍，最后再静压一遍。碾压的顺序先压两侧后压中间，每次重合车轮轨迹 1/3。对于有明显空洞、孔隙的地方，补充细料后再碾压。压实前，应用大型推土机摊铺平整。个别不平处应用人工配合以细石屑找平，使石块之间无明显高差台阶而便于压路机碾压，或使夯锤下坠到地面时受力基本均匀，不致使夯锤倾倒。碾压有分层压实法、冲击压实法、强力夯实法等几种。

1. 分层压实法

分层压实法自下而上水平分层，逐层填筑，逐层压实，如图 4-5 所示。

图 4-5　分层压实法

2. 冲击压实法

冲击压实法利用冲击压实机（图 4-6）的冲击碾周期性大振幅低频率地对路基填料进行冲击，压密填方。它既具有分层法连续性的优点，又具有强力夯实法压实厚度深的优点。

缺点是在周围有建筑物时，使用受到限制。

图 4-6　冲击压实机

3. 强力夯实法

该方法机械设备简单，击实效果显著，施工中不需铺撒细粒料，施工速度快，有效解决了大块石填筑地基厚层施工的夯实难题，如图 4-7 所示。对强夯施工后的表层松动层，采用振动碾压法进行压实。

图 4-7　强力夯实法

压实度检测：用 18 t 以上的重型压路机压实，当压实层顶面稳定，不再下沉时即可判为压实度合格（最后两遍振动压实沉降差 5 mm 以内）。

七、土石路堤施工技术

土石路堤是指石料含量占总质量的 30%～70% 的土石混合填料填筑的路堤。含量大于 70% 的为填石路堤，小于 30% 的为填土路堤。

1. 土石路堤填筑要求

（1）压实机械采用不小于 18 t 的振动压路机。

（2）土石路堤不得倾填。

（3）碾压前应使大粒径石料均匀分散在填料中，孔隙间填充小粒径石料、土和石渣。

（4）压实后透水性差异大的土石混合料，应分层或分段填筑，不宜纵向分幅填筑。如确需纵向分幅填筑，应将压实后渗水良好的土石混合料填筑于路堤两侧。

（5）土石混合料来自不同料场，其岩性或土石比例相差较大时，宜分层或分段填筑。

（6）填料由土石混合材料变化为其他材料时，土石混合料最后一层的压实厚度应小于 300 mm，该层填料最大粒径宜小于 150 mm。

（7）中硬、硬质石料的土石路堤，应进行边坡码砌。

2. 填筑方法

土石路堤不得采用倾填方法，只能采用分层填筑，分层压实。当土石混合料中石料含量超过 70% 时，宜采用人工铺填；当土石混合料中石料含量小于 70% 时，可用推土机铺填，最大层厚 40 cm，接近路堤设计标高时，需改用土方填筑。

任务二 石质路堑施工技术

山区公路路基石方工程量大，一般占土石方总量的 45%～75%。石方路堑施工应根据岩石的类别、风化程度、岩层产状、岩体断裂构造、施工环境等因素确定开挖方案。对软岩石和强风化岩石，凡能用机械直接开挖的均应用机械开挖。如石方数量不大、工期允许，也可用人工开挖。凡不能用人工或机械开挖的石方，可采用爆破法开挖。因此，爆破是石方路基施工最有效的方法。爆破是指利用炸药爆炸时产生的热量和高压，使岩体和周围介质受到破坏而移位。

一、石方开挖方式

石方开挖方式如图 4-8 所示。

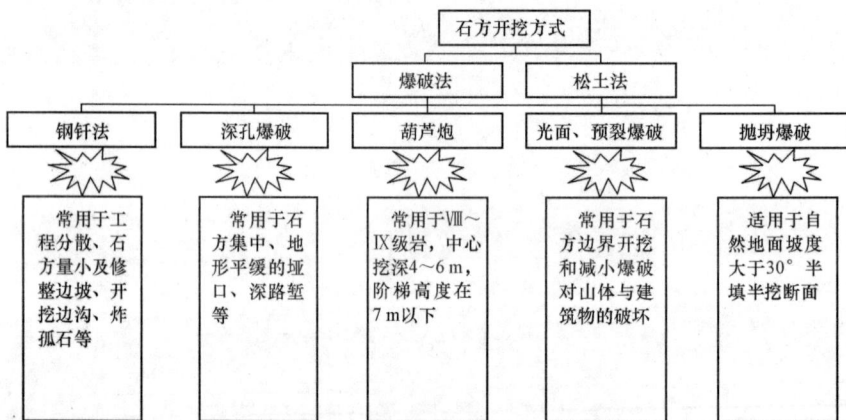

图 4-8 石方开挖方式

1. 直接应用机械开挖

该法适用于施工场地开阔、大方量的软岩石方工程。优点是没有钻爆工序作业，不需要风、水、电辅助设施，简化了场地布置，加快了施工进度，提高了生产能力。缺点是不适于破碎坚硬岩石。

2. 静态破碎法

该法适用于在设备附近、高压线下以及开挖与浇筑过渡段等特定条件下的开挖。优点是安全可靠，没有爆破产生的公害。缺点是破碎效率低，开裂时间长。

3. 钻爆开挖

该法是当前广泛采用的开挖施工方法。有薄层开挖、分层开挖（梯段开挖）、全断面一次开挖和特高梯段开挖等方式。

二、路基爆破施工

1. 爆破作用的基本原理

（1）药包：是指为了爆破某一岩体，在其中或表面放置一定数量的炸药。

（2）临空面：是爆破介质与空气的交界面，如图 4-9 所示。

图 4-9 石方爆破

2. 爆破作业圈（图 4-10）

（1）压缩圈；（2）抛掷圈；（3）松动圈；（4）振动圈。

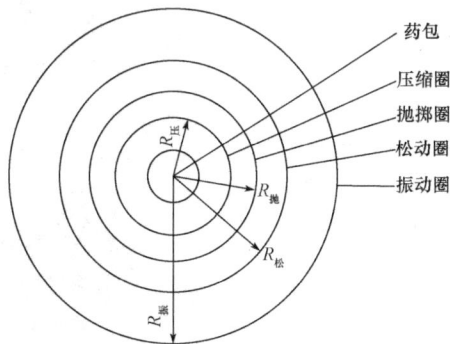

图 4-10 爆破作用圈

3.爆破漏斗要素

最小抵抗线是指爆破点到临空面最小距离，如图 4-11 所示。常用的爆破器材分类如图 4-12 所示，常用的爆破器材如图 4-13 所示。

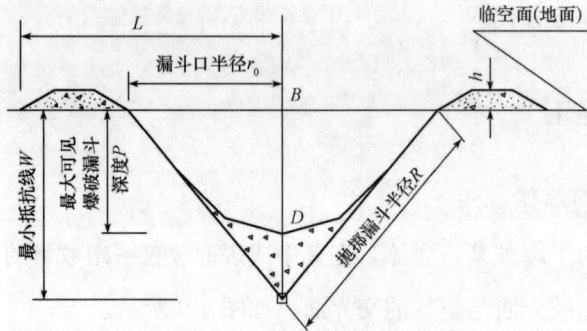

图 4-11　平坦地形爆破漏斗

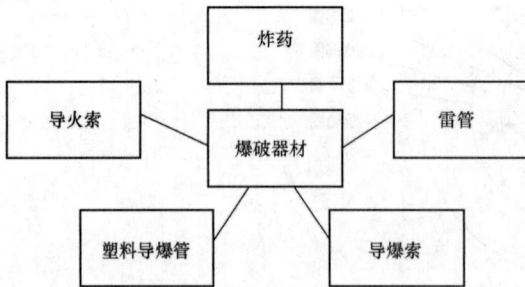

图 4-12　爆破器材分类

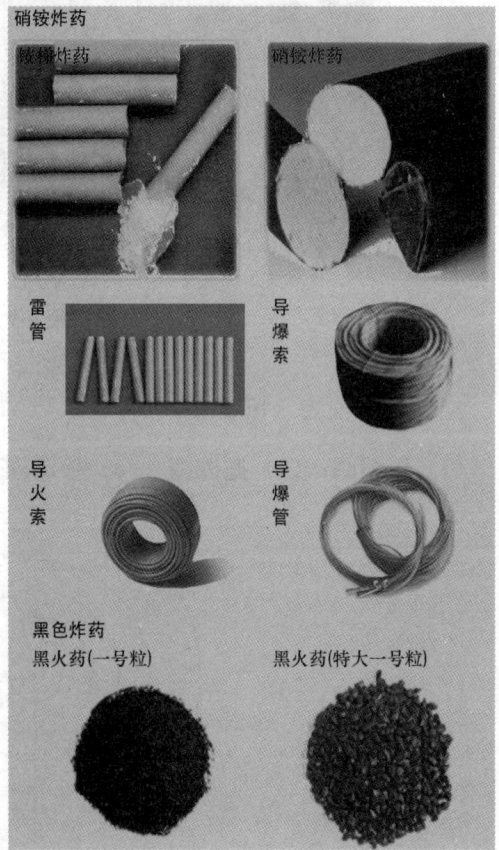

图 4-13　爆破器材

综合爆破一般包括小炮和洞室炮两大类。小炮主要包括钢钎炮、深孔爆破等钻孔爆破；洞室炮主要包括药壶炮和猫洞炮。用药量 1 t 以上为大炮，1 t 以下为中小炮。

(1) 钢钎炮通常是指炮眼直径和深度分别小于 70 mm 和 5 m 的爆破方法，如图 4-14 所示。特点是炮眼浅，用药少，并全靠人工清除；不利于爆破能量的利用，工效较低。优点是比较灵活，在地形艰险及爆破量较小地段（如打水沟、开挖便道、基坑等），在综合爆破中是一种改造地形，为其他炮型服务的辅助炮型。因而，又是一种不可缺少的炮型，其炮眼布置如图 4-15 所示。

图 4-14　炮眼布置

图 4-15　钢钎炮

(2) 深孔爆破是孔径大于 75 mm、深度在 5 m 以上、采用延长药包的一种爆破方法。特点是炮孔需用大型的潜孔凿岩机或穿孔机钻孔，是大量石方（万方以上）快速施工的发展方向之一。优点是劳动生产率高，施工进度快，爆破时比较安全。

(3) 药壶炮是指在深 2.5～3.0 m 以上的炮眼底部用小量炸药经一次或多次烘膛，使眼底成葫芦形，将炸药集中装入药壶中进行爆破，如图 4-16 所示。特点是主要用于露天爆破，其使用条件是：岩石应在XI级以下，不含水分，阶梯高度（H）小于 20 m，自然地面坡度在 70°左右。优点是小炮中最省工、省药的一种方法。

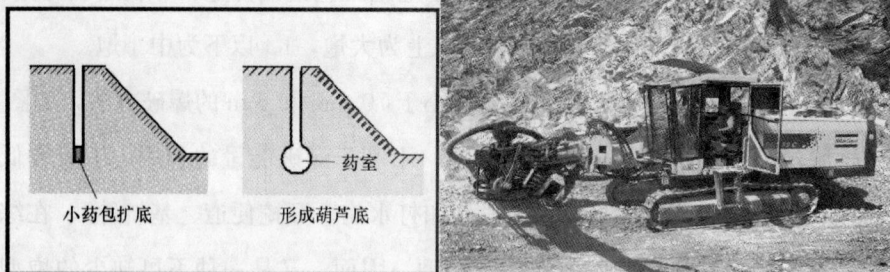

图 4-16 药壶炮

（4）猫洞炮是指炮洞直径为 0.2～0.5 m，洞穴成水平或略有倾斜（台眼），深度小于 5 m，用集中药锯炮洞中进行爆炸的一种方法，如图 4-17 所示。特点是充分利用岩体本身的崩塌作用，能用较浅的炮眼爆破较高的岩体。优点是在有裂缝的软石、坚石中，阶梯高度大于 4 m，药壶炮药壶不易形成时，采用这种爆破方法。

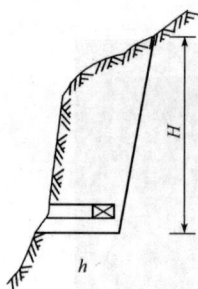

图 4-17 猫洞炮

（5）光面爆破是在开挖限界的周边，适当排列一定间隔的炮孔，在有侧向临空面的情况下，用控制抵抗线和药量的方法进行爆破，使之形成一个光滑、平整的边坡，如图 4-18 所示。

图 4-18 光面爆破

（6）预裂爆破是在开挖限界处按适当间隔排列炮孔，预先炸出一条裂缝，使拟爆体与山体分开，作为隔震减震带，起保护和减弱开挖限界以外山体或建筑物的地震破坏作用，如图 4-19 所示。

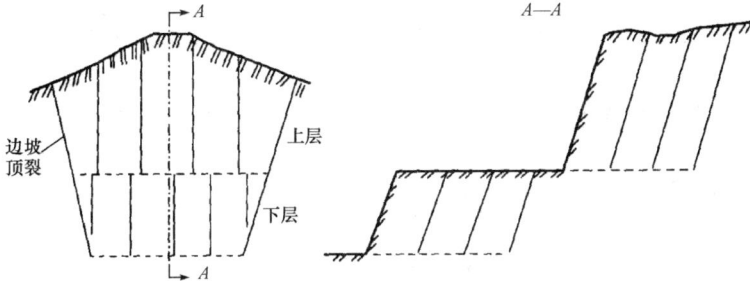

边坡顶裂 上层 下层 A—A

图 4-19 预裂爆破

（7）微差爆破是两相邻药包或前后排药包以毫秒的时间间隔（一般为 15～75 ms）依次起爆，称为微差爆破，也称毫秒爆破，如图 4-20 所示。多发一次爆破最好采用毫秒雷管。多排孔微差爆破是浅孔深孔爆破发展的方向。

图 4-20 微差爆破

4. 石质路堑爆破施工技术要点

石质路堑爆破施工程序如图 4-21 所示。

（1）用推土机配合爆破，创造临空面，使最小抵抗线方向面向回填方向。

（2）炮眼按其不同深度，采用手风钻或潜孔钻钻孔，炮眼布置在整体爆破时采用梅花形或方格形，预裂爆破时采用一字形。

（3）在居民区及地质不良可能引起坍塌后遗症的路段，原则上不采用大中型洞室爆破。在石方集中的深挖路堑采用洞室爆破时，应认真设计分集药包位置和装药量，精确测算爆破漏斗，防止超爆、少爆或振松边坡，留下后患。

```
施爆区管线调查 → 炮位设计与设计审批 → 配备专业施爆人员
                                              ↓
爆破器材检查与试验 ← 钻孔 ← 用机械或人工清除施爆区覆盖层和强风化岩石
       ↓
炮孔(或坑道、药室)检查与废渣清除 → 装药并安装引爆器材 → 布置安全岗和施爆区安全员
       ↓                                                        ↓
起爆 ← 撤离施爆区和飞石、强地震波影响区内的人、畜 ← 炮孔堵塞
  ↓
清除瞎炮 → 解除警戒 → 测定爆破效果
```

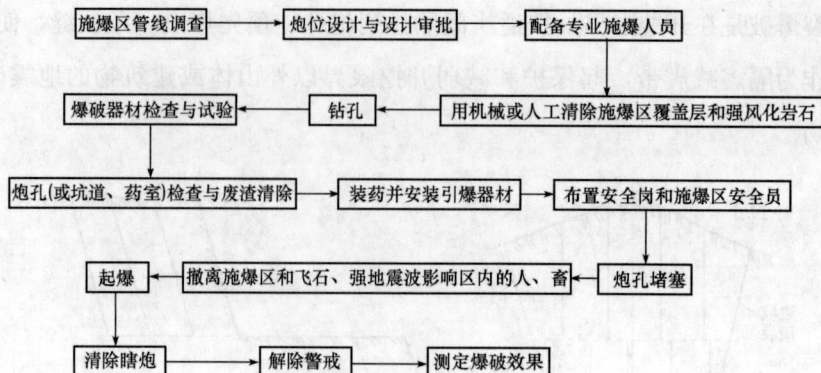

图 4-21　爆破施工程序

（4）确保边坡爆破质量，采用预裂爆破技术，光面爆破技术和微差爆破技术，同时配合选择合理的爆破参数，减少冲击波影响，降低石料大块率，以减少二次破碎，利于装运和填方。

（5）雨季或有地下水时，可考虑采用乳化防水炸药。

（6）装药分单层、分层装药，预裂装药及洞室内集中装药。炮眼装药后用木杆捣实，填塞黏土，洞室装药时，将预先加好的起爆体放在药包中心位置，周围填以硝酸安全炸药，用砂黏土填塞，填塞时要注意保护起爆线路。

项目五　路基排水及支挡防护工程施工

知识目标

路基排水及支挡防护工程的施工方法和程序。

能力目标

能进行路基排水及支挡防护工程的施工。

任务导入

东北平原某高速公路位于地下水丰富地区，为保证路基稳定，采用了如下多种排水设施：

(1) 在填方路基边坡坡脚 3 m 外设置浆砌片石排水沟；

(2) 为降低地下水位，设置管式渗沟，并在长 100～300 m 管式渗沟末端设横向泄水管；

(3) 低填方路段设边沟，当沟底纵坡大于3%时，采用浆砌片石铺砌加固；

(4) 为避免高路堤边坡被路面水冲毁，在路肩上设拦水缘石，在拦水带开口处设急流槽引离路基，与高路堤急流槽连接处设喇叭口。

[问题]

1. 该工程中采用的多种排水设施哪些属于排除地面水设施？除这些排除地面水设施外还有其他哪些设施？

2. 管式渗沟的泄水管可用哪些材料？管式渗沟和填石渗沟能否互相替代？为什么？

任务一　路基排水工程施工

路基排水系统具有拦截、汇集、排除地面和地下水，降低地下水位的功能，能使路基免受水的侵害，保证路基的强度和稳定性。路基排水设施分为地面排水设施和地下排水设施。路基排水设施的具体分类及各自作用如表 5-1 所示。

表 5-1　排水设施分类

排水设施	类型	作用
地面排水设施	边沟	边沟是设在路基边缘的水沟，主要用以汇集和排除路基范围内和流向路基的少量地面水，它是矮路堤和路堑不可缺少的排水设施
	截水沟	截水沟又称天沟，当路基上侧山坡汇水面积较大时，应在挖方坡顶以外或填方路基上侧适当距离设置截水沟，用于拦截山坡流向路基的水流
	排水沟	排水沟的作用是将边沟、截水沟、取土坑或路基附近的积水通过排水沟排至桥涵处或路基以外的洼地或天然河沟，以防水流停积于路基附近，危害路基
	跌水、急流槽	当地形险峻、水流湍急，排水沟渠的纵坡较陡时，为降低流速、消减能量、防止冲刷，可设置跌水和急流槽，以防止水流对路基与桥涵结构物的危害
地下排水设施	暗沟	暗沟是设在地面以下引导水流的沟渠。它本身不起渗水和汇水作用，而是把路基范围内的泉水或渗沟汇集的水流排到路基范围以外，使不致在土中扩散，危害路基
	渗沟	渗沟用来吸收、降低、汇集和排除地下水，或用以拦截流向路基的地下水，并把它排出路基范围以外，分为盲沟、管式渗沟和洞式渗沟三种
	渗井	当路线经过地区地形平坦，地面水无法排除时，可以建筑像竖井或吸水井形式一样的渗水井，将地面水通过渗井渗入地下予以排除

一、路基地面排水设置与施工要求

(一)排水沟、暗沟

1. 设置

当地下水位较高,潜水层埋藏不深时,可采用排水沟(图 5-1)或暗沟(图 5-2)截流地下水及降低地下水位。

图 5-1　排水沟

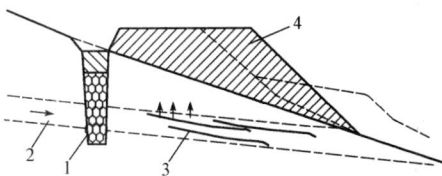

图 5-2　暗沟

排水沟可兼排地表水,在寒冷地区不宜用于排除地下水。排水沟沿路线布设时,应离路基尽可能远一些,距路基坡脚不宜小于 2 m。大于沟底、沟壁土的容许冲刷流速时,应采取边沟表面加固措施。

2. 施工要求

排水沟的线形要求平顺,尽可能采用直线形,转弯处宜做成弧线,其半径不宜小于 10 m,排水沟长度根据实际需要而定,通常不宜超过 500 m。排水沟或暗沟采用混凝土浇筑或浆砌片石砌筑时,应在沟壁与含水量地层接触面的高度处,设置一排或多排向沟中倾斜的渗水孔。沟底宜埋入不透水层内,沟壁最下一排渗水孔(或裂缝)的底部宜高出沟底不小于 0.2 m。沟壁外侧应填以粗粒透水材料或土工合成材料作为反滤层。沿沟槽每隔 10~15 m 或当沟槽通过软硬岩层分界处时应设置伸缩缝或沉降缝。

(二)渗沟

1. 设置

为降低地下水位或拦截地下水,可在地面以下设置渗沟。渗沟有填石渗沟、管式渗沟和洞式渗沟三种形式,三种渗沟均应设置排水层(或管、洞)、反滤层和封闭层。

2. 施工要求

填石渗沟通常为矩形或梯形,在渗沟的底部和中间用较大碎石或卵石(粒径 3~5 cm)

填筑，在碎石或卵石的两侧和上部，按一定比例分层（层厚约 15 cm），填较细颗粒的粒料（中砂、粗砂、砾石），做成反滤层，逐层的粒径比例大致按 4∶1 递减，如图 5-3（a）所示。

洞式渗沟适用于地下水流量较大的地段，洞壁宜采用浆砌片石砌筑，洞顶应用盖板覆盖，盖板之间应留有空隙，使地下水流入洞内，洞式渗沟的高度要求同管式渗沟，如图 5-3（b）所示。

管式渗沟适用于地下水引水较长、流量较大的地区。当管式渗沟长度为 100～300 m 时，其末端宜设横向泄水管分段排除地下水。管式渗沟的泄水管可用陶瓷、混凝土、石棉、水泥或塑料等材料制成，管壁应设泄水孔，交错布置，间距不宜大于 20 cm，如图5-3（c）所示。

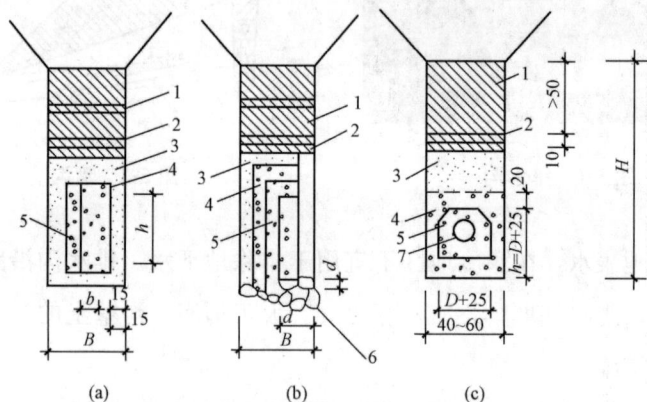

图 5-3　渗沟结构（单位：cm）

（a）填石渗沟；（b）洞式渗沟；（c）管式渗沟

1—黏土夯实；2—双层反铺草皮；3—粗砂；4—石屑；5—碎石；6—浆砌片石沟洞；7—预制混凝土管

（三）渗井

1. 设置

当路基附近的地面水或浅层地下水无法排除，影响路基稳定时，可设置渗井，将地面水或地下水经渗井通过下透水层中的钻孔流入下层透水层中排除，如图 5-4 所示。

2. 施工要求

渗井直径 50～60 cm，井内填置材料：按层次在下层透水范围内填碎石或卵石，上层不透水层范围内填砂或砾石，填充料应采用筛洗过的不同粒径的材料，应层次分明，不得粗细材料混杂填塞，井壁和填充料之间应设反滤层。渗井离路堤坡脚不应小于 10 m。

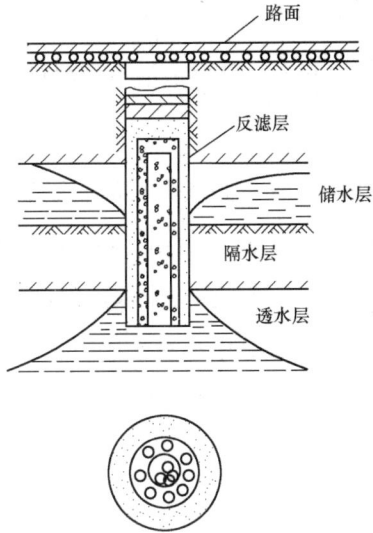

图 5-4　渗井结构与布置示例

（四）检查井

1. 设置

为检查维修渗沟，每隔 30～50 m 或在平面转折和坡度由陡变缓处宜设置检查井。

2. 施工要求

检查井一般采用圆形，内径不小于 1.0 m，在井壁处的渗沟底应高出井底 0.3～0.4 m，井底铺一层厚 0.1～0.2 m 的混凝土。井基如遇不良土质，应采取换填、夯实等措施。兼起渗井作用的检查井的井壁，应在含水层范围设置渗水孔和反滤层。

（五）边沟

1. 设置

挖方地段和填土高度小于边沟深度的填方地段均应设置边沟。路堤靠山一侧的坡脚应设置不渗水的边沟，如图 5-5 所示。

图 5-5　边沟

为了防止边沟漫溢或冲刷,在平原区和重丘山岭区,边沟应分段设置出水口,多雨地区梯形边沟每段长度不宜超过 300 m,三角形边沟不宜超过 200 m。

2. 施工要求

平曲线处边沟施工时,沟底纵坡应与曲线前后沟底纵坡平顺衔接,不允许曲线内侧有积水或外溢现象发生。曲线外侧边沟应适当加深,其增加值等于超高值。

土质地段当沟底纵坡大于 3%时,对边沟应采取加固措施。采用干砌片石对边沟进行铺砌时,应选用有平整面的片石,各砌缝要用小石子嵌紧;采用浆砌片石铺砌时,砌缝砂浆应饱满,沟身不漏水;若沟底采用抹面,抹面应平整压光。

(六) 截水沟

1. 设置

截水沟设置时主要考虑位置。在无弃土堆的情况下,截水沟的边缘离开挖方路基坡顶的距离视土质而定,以不影响边坡稳定为原则。如系一般土质至少应离开 5 m,对黄土地区不应小于 1 m,并应进行防渗加固。截水沟挖出的土,可在路堑与截水沟之间修成土台并夯实,台顶应筑成 2%倾向截水沟的横坡,如图 5-6 所示。

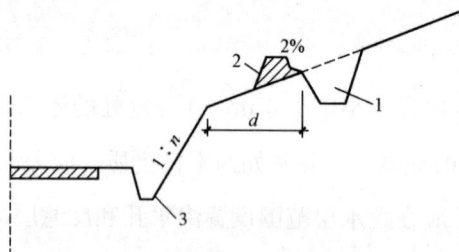

图 5-6 挖方路段截水沟

1—截水沟;2—土台;3—边沟

路基上方有弃土堆时,截水沟应离开弃土堆脚 1~5 m,弃土堆坡脚离开路基挖方坡顶不应小于 10 m,弃土堆顶部应设 2%倾向截水沟的横坡,如图 5-7 所示。

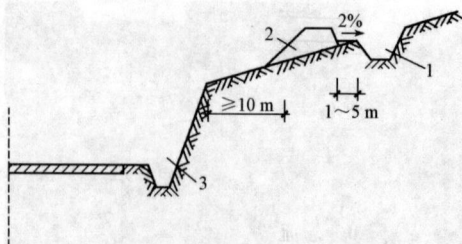

图 5-7 挖方路段弃土堆与截水沟关系

1—截水沟;2—弃土堆;3—边沟

山坡上路堤的截水沟离开路堤坡脚至少 2.0 m，并用挖截水沟的土填在路堤与截水沟之间，修筑向沟倾斜坡度为 2% 的护坡道或土台，使路堤内侧地面水流入截水沟排出，如图 5-8 所示。

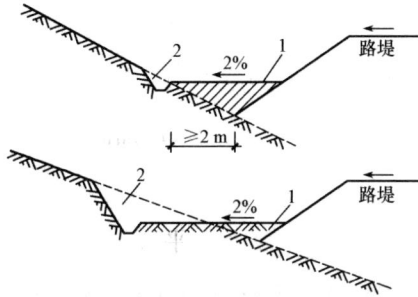

图 5-8　填方路段的截水沟

1—土台；2—截水沟

2. 施工要求

截水沟长度超过 500 m 时应选择适当的地点设出口。

（七）跌水与急流槽

跌水（图 5-9）与急流槽（图 5-10）的施工应符合下列规定：

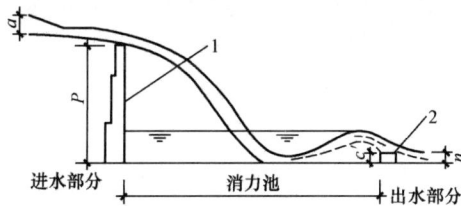

图 5-9　跌水构造

1—护墙；2—消力槛

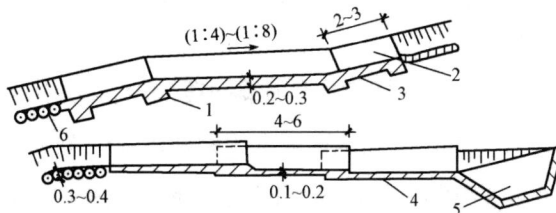

图 5-10　急流槽构造（单位：cm）

1—耳墙；2—消力池；3—混凝土槽底；

4—钢筋混凝土槽底；5—横向沟渠；6—砌石护底

（1）跌水与急流槽必须用浆砌圬工结构，跌水的台阶高度可根据地形、地质等条件决定，多级台阶的各级高度可以不同，其高度与长度之比应与原地面坡度相适应。

（2）急流槽的纵坡不宜超过 1∶1.5，同时应与天然地面坡度相配合。当急流槽较长时，槽底可用几个纵坡，一般是上段较陡，向下逐渐放缓。

（3）当急流槽很长时，应分段砌筑，每段不宜超过 10 m，接头用防水材料填塞，密实无空隙。

（八）拦水缘石

拦水缘石的作用是将路面水汇集于拦水带并排入路边植物带中，如图 5-11 所示。

图 5-11　拦水缘石

拦水缘石的施工应符合下列规定：为避免高路堤边坡被路面水冲毁可在路肩上设拦水缘石，将水流拦截至挖方边沟或在适当地点设急流槽引离路基。与高路堤急流槽连接处应设喇叭口。

（九）蒸发池

蒸发池的施工应符合下列规定：

（1）用取土坑作蒸发池时与路基坡脚间的距离不应小于 5~10 m。面积较大的蒸发池至路堤坡脚的距离不得小于 20 m，坑内水面应低于路基边缘至少 0.6 m。

（2）坑底部应做成两侧边缘向中部倾斜 0.5%的横坡。取土坑出入口应与所连接的排水沟或排水通道平顺连接。当出口为天然沟谷时，排水应妥善导入沟谷内，不得形成漫流，必要时予以加固。

任务二　路基防护工程施工

用作防止路基被冲刷和风化，主要起隔离作用的设施称为路基防护工程。

一、路基防护工程类型

路基防护工程类型如表 5-2 所示。

表 5-2　路基防护工程的主要形式

边坡坡面防护	植物防护	种草、铺草皮、植树
	工程防护	框格防护、封面、护面墙、干砌片石护坡、浆砌片石护坡、浆砌预制块护坡、锚杆钢丝网喷浆、喷射混凝土护坡
沿河河堤河岸冲刷防护	直接防护	植物、砌石、石笼、挡土墙等
	间接防护	丁坝、顺坝等导治构造物以及改河营造护林带

二、各种防护工程适用条件

（一）植物防护

（1）种草防护：适用于边坡稳定，坡面受雨水冲刷轻微，且易于草类生长的路堤与路堑边坡。选用根系发达、叶茎低矮、多年生长且适宜于当地土壤和气候条件的草种，植于 40 cm（无熟土时，表土厚度≥20 cm）表土层。播种方法有撒播法、喷播法和行播法。当前推广使用的两种新方法是湿式喷播技术和客土喷播技术。

（2）铺草皮：适用于需要迅速绿化的土质边坡。草皮护坡铺置形式有平铺式、叠铺式、方格式和卵（片）石方格式四种。

（3）植灌木：与种草、铺草皮配合使用，使坡面形成良好的防护层，适用于土质边坡和膨胀土边坡，但对盐渍土经常浸水、经常干旱的边坡及粉质土边坡不宜采用。灌木宜植于 1∶1.5 或更缓的边坡上，或在堤岸边的河滩上，用以降低流速，促使泥沙淤积。

（二）工程防护

（1）框格防护适用于土质或风化岩石边坡，框格防护可采用混凝土、浆砌片（块）石、卵（砾）石等做骨架，框格内宜采用植物防护或其他辅助防护措施，如图5-12所示。

图 5-12　框格防护

（2）封面包括抹面、捶面、喷浆、喷射混凝土等防护形式。

①抹面防护适用于易风化的软质岩石挖方边坡，岩石表面比较完整，尚无剥落。

②捶面防护适用于易受雨水冲刷的土质边坡和易风化的岩石边坡。

③喷浆和喷射混凝土防护适用于边坡易风化、裂隙和节理发育、坡面不平整的岩石挖方边坡。

（3）护面墙用于封闭各种软质岩层和较破碎的挖方边坡以及坡面易受侵蚀的土质边坡。用护面墙防护的挖方边坡不宜陡于1：0.5，并应符合极限稳定边坡的要求，护面墙分为墙式、混合式、拱式等类型，应根据边坡地质条件合理选用，如图5-13所示。

（4）石砌护坡。

①干砌片石护坡适用于易受水流侵蚀的土质边坡、严重剥落的软质岩石边坡、周期性浸水及受水流冲刷较轻（流速小于2～4 m/s）的河岸或水库岸坡的坡面防护。

②浆砌片（卵）石护坡适用于防护流速较大（3～6 m/s）、波浪作用较强、有流水、漂浮物等撞击的边坡。对过分潮湿或冻害严重的土质边坡应先采取排水措施再行铺筑，如图5-14所示。

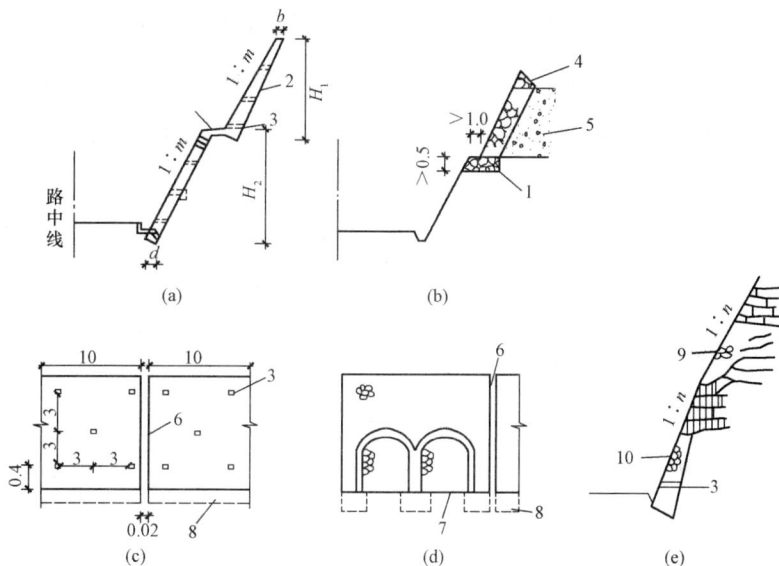

图 5-13　护面墙（单位：m）

（a）双层式；（b）单层式；（c）墙面；（d）拱式；（e）混合式

1—平台；2—耳墙；3—泄水孔；4—封顶；5—松散夹层；6—伸缩缝；

7—软地基；8—基础；9—支补墙；10—护面墙

图 5-14　石砌护坡

（5）浆砌预制块防护适用于石料缺乏地区。预制块的混凝土强度不应低于 C15，在严寒地区不应低于 C20。

（6）锚杆钢丝网喷浆或喷射混凝土护坡适用于直面为碎裂结构的硬岩或层状结构的不连续地层，以及坡面岩石与基岩分离并有可能下滑的挖方边坡。施工简便，效果较好。

（三）土工织物防护

（1）挂网式坡面防护适用于风化碎落较严重的岩石边坡。沿边坡悬挂的土工网能截住落石，引导其进入边沟或其他可控制地区。落石直径较大，边坡倾角大于40°时不宜使用。

（2）土工织物复合植被防护坡面综合了土工织物和植被两类防护的优点，其典型形式是三维土网（垫）植草防护，主要适用于边坡坡度缓于1：1，边坡高度小于3 m的土质边坡。

（3）其他土工织物防护有草坪植生带、适用于破碎或易风化破碎的岩石路堑边坡的锚杆挂高强塑料网格喷浆（喷射混凝土），以及土工织物作反滤层的护坡。

（四）路基冲刷防护工程技术

沿河路基由于经常或周期性受到河水水流冲刷侵蚀，为了保证路基的稳固和安全，必须采取有效的冲刷防护措施。沿河路基防护工程一般分为直接防护与间接防护两种。直接防护工程类型包括护面墙、砌石或混凝土板、护坦、抛石、石笼、浸水挡墙等；间接防护包括导流构造物、改河和防护林带等。

1. 直接防护

直接防护可采用以下防护措施：

（1）抛石：用于经常浸水且水深较大的路基边坡或坡脚以及挡土墙、护坡的基础防护。抛石一般多用于抢修工程，如图5-15所示。

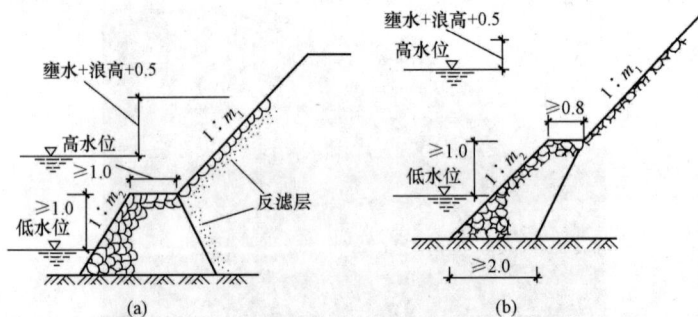

图5-15　抛石防护（单位：m）

（a）新堤石垛；（b）旧堤石垛

（2）石笼：沿河路堤坡脚或河岸，当受水流冲刷和风浪侵袭，且防护工程基础不易处理或沿河挡土墙、护坡基础局部冲刷深度过大时，可采用石笼防护，如图5-16、图5-17所示。

2. 间接防护

间接防护是指修筑调治结构物等各类护岸设施来改变水流方向，消除和减缓水流对堤岸的直接破坏，如图5-18所示。

图 5-16　石笼防护

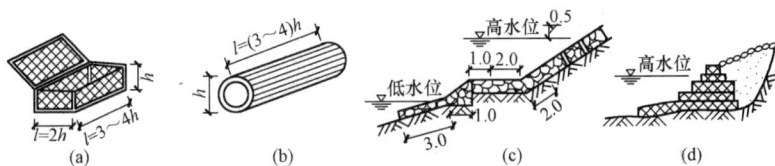

图 5-17　石笼防护示意（单位：m）

（a）箱形笼；（b）圆柱形笼；（c）防止淘底；（d）防护岸坡

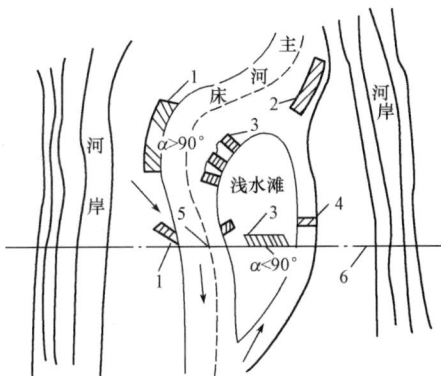

图 5-18　导流结构物综合布置示例

1，2—顺水坝；3—挑水坝（丁坝）；4—拦水坝；5—主河床；6—路中线

（1）丁坝：丁坝也称挑水坝，是指坝根与岸滩相接，坝头伸向河槽，坝身与水流方向成某一角度，能将水流挑离河岸的结构物。丁坝一般用来束水归槽，改善水流状态，保护河岸。适用于宽浅变迁河段用以挑流或减低流速，减轻水流对河岸或路基的冲刷，如图5-19所示。

图 5-19 丁坝、顺坝

(2) 顺坝：顺坝为坝根与岸滩相接，坝身大致与堤岸平行的结构物。主要用于导流、束水、调整河道曲度，改变流态，也可称作导流坝或顺流坝。适用于河床断面较窄、基础地质条件较差的河岸或沿河路基防护，调整流水曲线度和改善流态。

(3) 改移河道：沿河路基受水流冲刷严重，或防护工程艰巨，以及路线在短距离内多次跨越弯曲河道时可改移河道。对主河槽改动频繁的变迁性河流或支流较多的河段不宜改河。

任务三　路基加固工程施工

路基加固工程的主要功能是支撑天然边坡或人工边坡以保持土体稳定或加强路基强度和稳定性，以及防护边坡在水温变化条件免遭破坏。

一、路基加固工程的功能与类型

加固工程主要是挡土墙，分为多种形式。按设置位置可分为路堑挡墙、路堤挡墙、路肩挡墙、山体挡墙，按墙体材料可分为石砌挡土墙、混凝土挡土墙、钢筋混凝土挡土墙、钢板挡土墙，按结构形式可分为重力式、半重力式、衡重式、悬臂式、扶壁式、锚杆式、桩柱式。

二、常用路基加固工程技术

（一）重力式挡土墙工程技术

重力式挡土墙依靠圬工墙体的自重抵抗墙后土体的侧向推力（土压力），以维持土体的稳定，是我国目前最常用的一种挡土墙形式。其特点是形式简单、施工方便。可就地取材，适应性强，应用广泛。缺点是墙身截面大，圬工数量也大，在软弱地基上修建往往受到承载力的限制，墙高不宜过高。重力式挡土墙按墙背形式可分为俯斜、仰斜、垂直、凸形折线（凸折式）和衡重式五种，如图 5-20 所示。

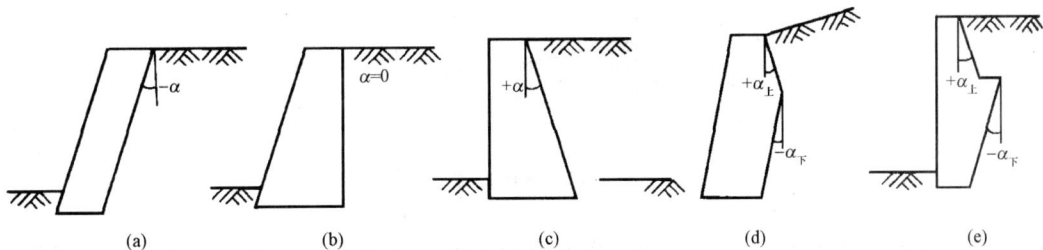

图 5-20　重力式挡土墙的断面形式
（a）仰斜式；（b）垂直式；（c）俯斜式；（d）凸形折线式；（e）衡重式

（二）加筋土挡土墙工程技术

加筋土挡土墙是在土中加入拉筋，利用拉筋与土之间的摩擦作用，改善土体的变形条件和提高土体的工程特性，从而达到稳定土体的目的。加筋土挡土墙由填料、在填料中布置的拉筋以及墙面板三部分组成，如图 5-21 所示。一般应用于地形较为平坦且宽敞的填方路段上，在挖方路段或地形陡峭的山坡，由于不利于布置拉筋，一般不宜使用。

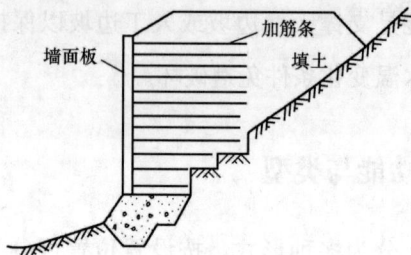

图 5-21　加筋土挡土墙

（三）锚杆挡土墙工程技术

锚杆挡土墙适用于缺乏石料的地区和挖基困难的地段，一般用于岩质路堑路段，但其他具有锚固条件的路堑墙也可使用，还可应用于陡坡路堤，如图 5-22 所示。

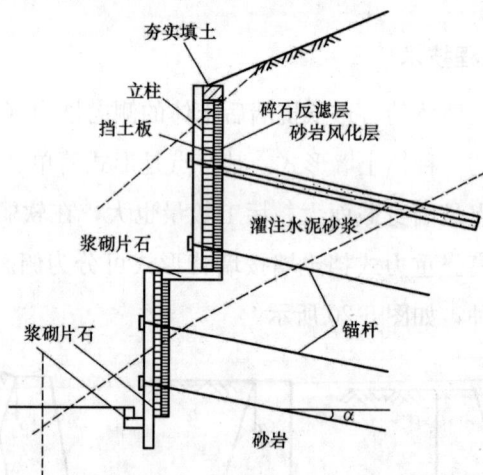

图 5-22　锚杆挡土墙

锚杆挡土墙的优点是结构重量轻，节约大量的圬工和节省工程投资；利于挡土墙的机械化、装配化施工，提高劳动生产率；少量开挖基坑，克服不良地基开挖的困难，并有利于施工安全。锚杆挡土墙的缺点是施工工艺要求较高，要有钻孔、灌浆等配套的专用机械设备，且要耗用一定的钢材。

锚杆挡土墙的类型按墙面的结构形式可分为柱板式锚杆挡土墙和壁板式锚杆挡土墙。

（1）柱板式锚杆挡土墙是由挡土板、肋柱和锚杆组成，肋柱是挡土板的支座，锚杆是肋柱的支座，墙后的侧向土压力作用于挡土板上，并通过挡土板传给肋柱，再由肋柱传给锚杆，由锚杆与周围地层之间的锚固力，即锚杆抗拔力使之平衡，以维持墙身及墙后土体的稳定，如图 5-23（a）所示。

（2）壁板式锚杆挡土墙是由墙面板（壁面板）和锚杆组成，墙面板直接与锚杆连接，并以锚杆为支撑，土压力通过墙面板传给锚杆，后者则依靠锚杆与周围地层之间的锚固力（即抗拔力）抵抗土压力，以维持挡土墙的平衡与稳定。壁板式锚杆挡土墙多用于岩石边坡防护，如图 5-23（b）所示。

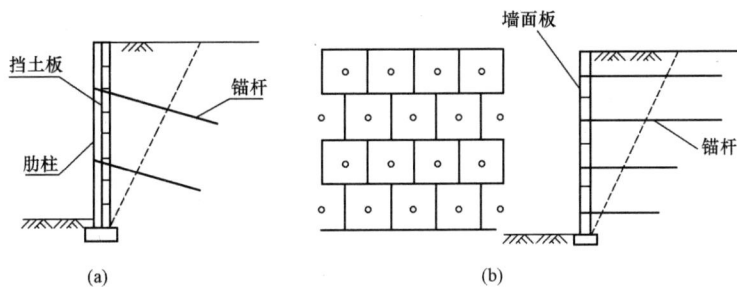

图 5-23　锚杆挡土墙

（a）柱板式；（b）壁板式

项目六 路基养护

📖 **知识目标**

公路路基养护的内容和程序。

🔧 **能力目标**

能判断路基常见病害并进行处理。

🔄 **任务导入**

某公路 K24+300 附近，每年春天路面会出现如下现象：春融时，路基湿软，强度急剧降低，经行车的反复作用，路基发生弹簧、鼓包、冒浆、车辙等现象。

[问题]

1. 请判断这属于哪一种路基病害?
2. 应采取什么防治措施?

任务一 路基日常养护与维修

公路养护目的是保持路况完好，延长公路使用寿命，确保行车安全、快速、舒适、经济。如果公路缺乏必要的养护，路况必然会很快下降，道路通行就必然受阻。所以，在公路建设中，必须高度重视养护工作。

一、路基养护一般规定及内容

路基的强度和稳定性直接影响路面的平整度与强度，是保证路面稳定的基本条件。必须保持路基土的密实，排水性能良好，各部尺寸和坡度符合要求，及时消除不稳定因素。

路基养护应通过对公路各部分的日常巡视和定期检查，发现病害及时查明原因，采取有效措施进行修复或加固，消除病害根源。其作业范围应包括下列内容：

（1）维修、加固路肩、边坡。

（2）疏通、改善排水设施。

（3）维护、修理各种防护构造物。

（4）清除坍方、积雪，处理塌陷，检查险情，防治水毁。

（5）观察和预防，处理翻浆、滑坡、泥石流等病害。

（6）有计划、有针对性地对局部路基进行加宽、加高，改善急弯、陡坡和视距不良路段，使之逐步达到所要求的技术标准。

二、公路养护工程分类

一般公路养护按其工程性质、规模大小、技术难易程度划分为小修保养工程、中修工程、大修工程和改善工程四类。

（1）小修保养工程：对管养范围内的公路及其工程设施进行预防性保养和修补其轻微损坏部分，使之经常保持完好状态。它通常是由养护工区在年度小修保养定额经费内，按月（旬）安排计划，经常进行的工作。

（2）中修工程：对管养范围内的公路及其工程设施的一般性磨损和局部损坏进行定期的修理加固，以恢复原状的小型工程项目。它通常是由基层公路管理机构按年（季）安排计划并组织实施的工作。

（3）大修工程：对管养范围内的公路及其工程设施的较大损坏进行周期性的综合修理，以全面恢复到原设计标准，或在原技术等级范围内进行局部改善和个别增建，以逐步提高公路通行能力的工程项目。它通常是由基层公路管理机构或在其上级机构的帮助下，根据批准的年度计划和工程预算来组织实施的工作。

（4）改善工程：对公路及其工程设施因不适应交通量和载重需要而分期逐段提高技术等级，或通过改善显著提高其通行能力的较大工程项目。它通常是由省级公路管理机构或地（市）级公路管理机构根据批准的计划和设计预算来组织实施或招标完成的工作。

三、路基养护的基本要求

为保证路基各部分完整，满足对路基的基本要求，使路基发挥正常有效的作用，路基养护工作应符合下列基本要求：

1. 路肩

（1）横坡适度，边缘顺直；

（2）表面平整、清洁、无杂物；

（3）保持无车辙、坑槽、隆起、沉陷、缺口。

2. 边坡

（1）边坡稳定；

（2）平顺无冲沟；

（3）坡度符合规定。

3. 排水系统

（1）保持无杂草、无淤泥；

（2）纵坡适度、水流畅通；

（3）进出口良好。

4. 防护构造物

（1）保持构造物完整无损；

（2）砌体伸缩缝填料良好；

（3）泄水孔无堵塞。

5. 路基病害

（1）对翻浆路段应及时处理，并尽快修复；

（2）对塌方、滑坡、水毁、泥石流、沉陷等，做好防护抢修，尽量缩短阻车时间。

四、路肩的养护

路肩位于行车道外缘至路基边缘的地带，是保证路基、路面有整体稳定性和排除路面水的重要结构，也是为保持临时停车所需两侧余宽的重要组成部分。路肩的养护情况直接关系到路基路面的强度、稳定性和行车的畅通，因此必须重视路肩的养护、维修和加固。对路肩养护的要求是：

（1）路肩的横坡应平整顺适，硬路肩横坡与同类型路面横坡相同，土或植草的路肩应比路面横坡坡度大 1%～2%；

（2）路肩的宽度应符合《公路工程技术标准》的规定；

（3）路肩应经常保持平整坚实，不应积水、淤泥和出现坑槽、车辙和缺口；

（4）路肩上不应堆放任何杂物或养护材料；

（5）路肩应尽量与环境协调，尽可能美观。

路肩常见的病害有：路肩车辙、坑槽，路肩与路面错台，路肩积水。

五、边坡的养护

边坡包括路堤填土坡面及山体天然状态的坡面，是保护路基的重要组成部分。边坡的养护和维修工作的重点是保持稳定性，即应保持平顺、坚实、无裂缝，遇有缺口、坍塌、高边坡碎落、侧滑等病害，应分别针对具体情况采取各种相应的加固整修措施。

路堤边坡如有坍塌，应自上而下先挖成台阶，再分层填土夯实；夯实后宽度要稍超出原来坡面，以便最后整修切平，不能在边坡上贴土修补。另外应保护好边坡上的长草。

对于山岭的路堑边坡，要经常检查，如有坡顶出现裂缝等可能坍塌的迹象时，应及时查明原因，采取相应的预防措施，以免突然下坍，伤害行人和阻断交通。对已堆积在路上的坍方，应先及时清除而后再处治边坡。

六、路基排水设施的养护

路基排水系统能否正常工作，直接影响到路基的稳定性。因此，加强对各排水设施的日常养护与维修、加固，是确保路基稳定的重要环节。

对路基排水设施的养护要求是应进行经常性、预防性的养护和维修，确保其功能完好、排水顺畅。同时要根据实际使用情况，不断改善路基排水条件。如有冲刷、堵塞和损坏，应及时疏通、修复或加固。

1. 地面排水设施的养护与维修

地面排水设施的养护与维修除坚持日常检查外，应加强汛前、雨中、暴雨后的检查，及时发现问题并加以清除，保证路基排水设施的正常工作。

若发现边沟、截水沟、排水沟内有淤泥或边坡剥落的土块，或沟壁损坏，造成沟渠断面形状改变，应及时清淤和修复。

2. 地下排水设施的养护和维修

地下排水设施的养护和维修应经常进行检查，如发现堵塞、淤积，应进行清除冲洗。尤其是雨季，应保证流水畅通。并经常注意保持地下排水设施排水口的排水能力，防止堵塞。如发现沟口长草堵塞，应及时清理和冲洗。如碎（砾）石层淤塞不通时，应翻修，并剔除颗粒较小的砂石。

七、防护与支挡工程的维修保养

1. 防护工程的维修养护

（1）植物防护的维修养护。

植物防护的养护：主要是对植物的养护，应经常检查植被的发育状态，地下水及地表水流出状况；草皮护坡有无局部的根部冲空现象；坡面及坡顶有无裂缝、隆起等异常现象；坡面及坡顶的尘埃、土砂等堆积状况，针对不同情况，采取措施。

（2）圬工防护的维修养护。

在日常养护中，应经常检查此类结构物有无裂缝、腹部隆起、滑动、倾覆等现象，护面墙的沉降缝有无变形，泄水孔有无堵塞，如有异常情况发生，应及时采取维修措施。

2. 支挡工程的维修养护

支挡工程主要是指挡土墙，其常见的破坏形式有：泄水孔不通，墙身裂缝、倾斜、鼓肚、滑动、下沉、表面风化，地基错台或空隙，砌体断裂或坍塌等，针对这些情况，除经常检查外，每年还应在春秋两季各进行一次定期检查。常采用的养护技术措施有以下几种：

（1）泄水孔堵塞，墙后积水。

挡土墙的泄水孔应经常保持畅通，泄水孔无法排水，孔内被杂物堵塞，或泄水孔进水口处反滤材料被堵塞，应设法疏通。如条件许可，可开挖墙后填土，重新填筑反滤材料。

（2）砖石、混凝土或钢筋混凝土挡土墙裂缝、断裂。

对裂缝、断裂情况进行观察，如发现其停止发展，应立即进行修理、加固，其方法是将裂缝缝隙凿平，清除碎渣和杂物后，用水泥砂浆填塞；对混凝土挡土墙裂缝，可采用环氧树脂黏合；对裂缝较宽、较深，墙内形成空洞的，可先用细石混凝土封堵外围，预留孔洞，然后进行压浆处理。

（3）挡土墙倾斜、鼓肚或滑动、下沉的处理。

①锚固法。适用于水泥混凝土或钢筋混凝土挡土墙。采用高强钢筋做锚杆，穿入预先钻好的孔内，用水泥砂浆灌满锚杆插入岩体部位，固定锚杆，待砂浆达到一定强度后，对

锚杆进行张拉，然后用锚头固紧，如图 6-1 所示。

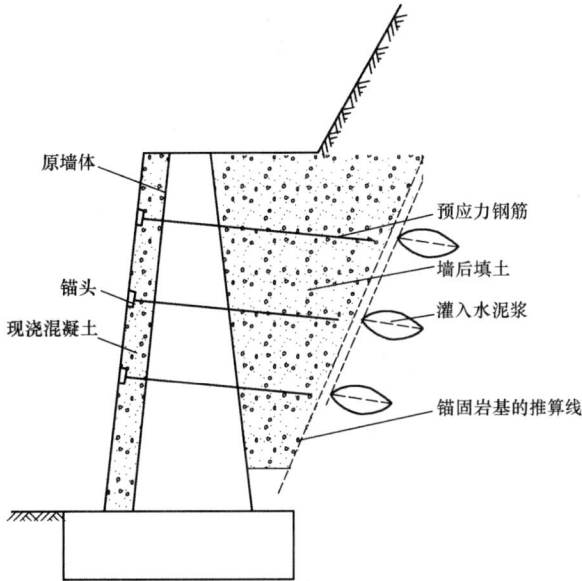

图 6-1 锚固法加固挡墙

②套墙加固法。在原墙外侧加宽基础，加厚墙身，如图 6-2 所示。

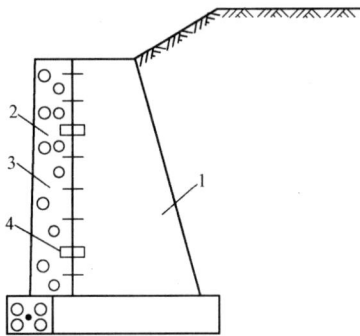

图 6-2 套墙

1—原挡墙；2—套墙；3—钢筋锚栓；4—联系石榫

施工时，应挖除一部分墙后填土，减少压力，同时应注意新旧基础和墙身的结合。方法是凿毛旧基础和旧墙身，必要时设置钢筋锚栓或石榫，以增强联结。墙后回填土必须分层填筑并夯实。

③增建支撑加固法。在挡墙外侧，每隔一定的间距，增建支撑墙。支撑墙的基础埋置深度、尺寸和间距应通过计算确定，如图 6-3 所示。

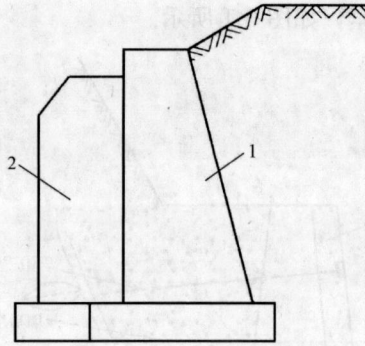

图 6-3 支挡墙

1—原挡墙；2—支挡墙

　　原挡土墙损坏严重，采用以上加固方法都不能达到设计强度要求时，则应考虑将损坏部分拆除重建。为防止不均匀沉降，新旧挡土墙之间应设置沉降缝，并应注意新旧挡墙接头协调。

任务二　路基常见病害处理

典型的路基病害有以下几种：

一、路基翻浆

春融时，路基湿软，强度急剧降低，经行车的反复作用，路基发生弹簧、鼓包、冒浆、车辙等现象，称为翻浆，如图 6-4 所示。路基翻浆主要发生在季节性冰冻地区的春融时节。

图 6-4　路基翻浆

路基翻浆路段在日常养护中，应经常使路基表面平整坚实，无坑槽辙沟，路拱及路肩横坡度符合规定标准，路肩上无坑洼，无堆积物及边沟通畅不存水；及时扫除积雪，使路基顶面不存雪，防止雪水渗入路基。当路面出现潮湿斑点，发生龟裂、鼓包、车辙等现象，表明路基已发软，翻浆已开始，此时应对其长度、起讫时间及气温变化、表面特征等进行详细的调查分析，做出记录，确定其治理方案，常采用以下养护措施防止翻浆加重：

（1）在路肩上开挖横沟，及时排除表面积水。

（2）及时修补路面坑槽和路肩坑洼，保持路面和路肩平整，以尽快排除表面积水。

（3）如条件许可，应控制重型车辆通过或令车辆绕道行驶。

（4）在交通量较小、重车通过不多的公路上，可用木料、树枝等做成柴排，铺于翻浆路段，再铺上碎石、砂土，维持通车，当翻浆停止，路基渐趋稳定，应及时拆除临时设施，恢复路基原状。

（5）砂桩防治。当路基出现翻浆迹象时，可在行车带部位开挖渗水井，随时将渗水井内的水掏出，边淘水、边加深，直至冰冻层以下；当渗水基本停止，即可填入粗砂或碎（砾）石，形成砂桩。

二、路基的沉陷

路基在自然环境影响和重复荷载作用下，产生整体下沉、局部沉陷、不均匀沉陷。路基沉陷是道路建成后经常出现的一种病害。严重时，影响公路的正常使用，降低了公路的等级。因此，为了使公路更好地正常使用，对路基出现的严重病害，必须采取行之有效的处理办法，使路基处于良好的技术状态。路堤沉陷如图 6-5 所示。

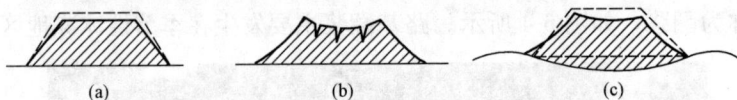

图 6-5 路基沉陷

（a）路基沉陷；（b）路基；（c）地基沉陷

（1）路基沉陷的主要原因有：

①路基承载力不足，导致路基失稳，出现沉陷或纵向开裂。

②填土高度较大的路基，由于塑性、黏弹性变形不断增加，导致路面出现外观沉陷，影响道路的行车舒适性。

（2）处理路基病害时可采用下面几种处治措施。

①换土复填法。

因填筑土质不符合要求，路基出现下沉但面积不大且深度不深时，采用换土复填方法是一种快捷的方法，只要掌握好路基的填筑方法即可。方法是将原基出现病害部分的土挖去，更换新的且符合规范要求的土。一般采用级配较好的沙砾土，或塑性指数满足规范要求的亚黏土为宜。回填时，挖补面积要扩大，且逐层挖成台阶状，由下往上，逐层填筑，碾压密实，压实度要求高出原路压实度 1～2 个百分点为宜。如需要时，可结合土工合成材料进行施工。

②固化剂法。

在处理路基的下沉中，如果更换路基填料受到限制，且填筑料数量不大时，可在原填料中掺入一定量的固化剂处理路基病害。

固化剂的种类很多，固体粉状固化剂中以石灰、石膏、水泥为主助固化剂，采用高聚